AF456792

Jean-Claude Rossignol

La Saga Des Teniers
Enigme… Ou Confusion Regrettable

Anton Van Dyck,
Les Teniers Gardent La Clef

Collection Serpent Rouge N°43

Édition de l'Œil du Sphinx

ISBN : 979-10-91506-34-2
EAN : 9791091506342
ISSN de la collection : 1768-5648
Dépôt légal : 2021

Les photos proviennent de l'auteur
Mise en page : Sabrina Pamies

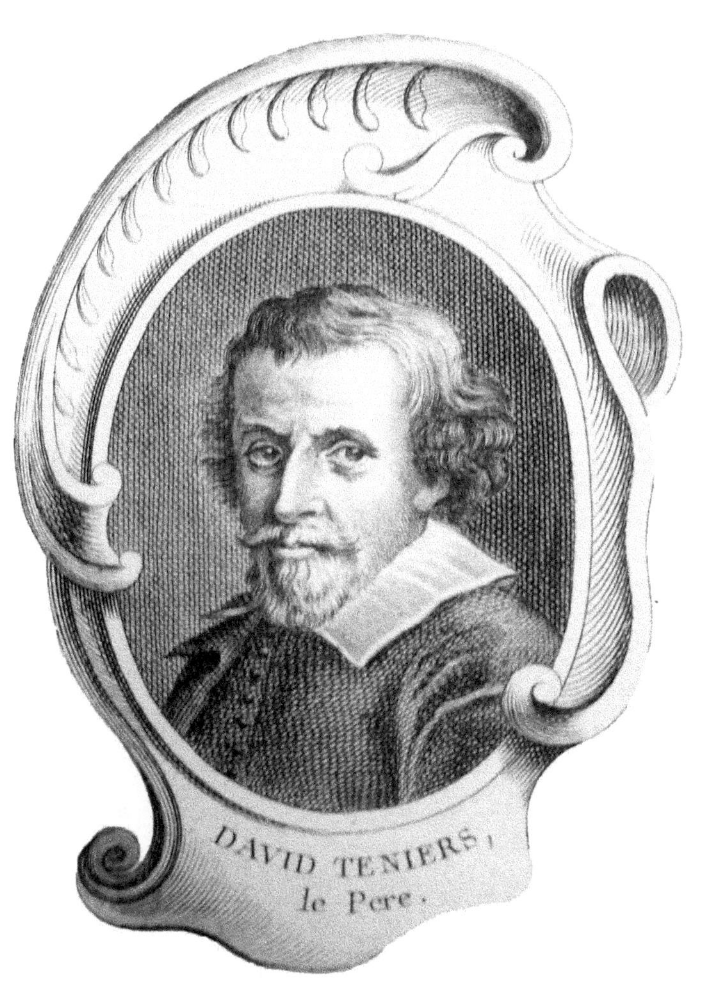
DAVID TENIERS,
le Pere.

La Saga des Téniers

L'énigme des peintres Téniers, une confusion regrettable...

Quand on parle peinture, l'important est de savoir de quoi et de qui on parle. Il y a en son temps des courants, des tendances, des familles de pensée, et il y a des familles de peintres. Les Duchamp-Villon, à l'époque moderne, et à l'époque classique, les Brueghel, les Le Nain, les Téniers. Ces derniers ont défrayé la chronique, ils la défrayent encore. Sans parler du phénomène collatéral plus rare, de l'occultation surprenante d'une œuvre, voire du voile d'ombre recouvrant aussi leur auteur, concernant des peintres illustres après leur disparition, ce dernier occupant une place prépondérante de son vivant. Ce qui fut le cas des toiles du Gréco, et de sa personne, peintre de prestige dans l'Espagne de Philippe II, dont on avait oublié l'œuvre à l'ombre des murs des églises isolées de Tolède, sa terre d'élection, ou derrière les murs impénétrables du palais de l'Escorial, objet d'une quête au vingtièmme siècle par Maurice Barrès (*Gréco ou le secret de Tolède*), ou Georges de la Tour, peintre français à la position sociale élevée, contemporain des Téniers, qui connut la même relégation picturale après son décès, et l'on ne reparla de lui qu'au vingtième siècle.

En ce qui concerne les Téniers, peintres flamands d'une même lignée familiale, on ne sait pas clairement de qui on parle, car la silhouette du fondateur s'est à peine estompée, que celle d'un des plus illustres d'entre eux éclipse la suite de la descendance et que bientôt se dessine - la personnalité d'un peintre dont on savait l'existence mais dont on ne soupçonnait pas l'importance, le « Troisième David Téniers » - dans ces Flandres riches et actives du XVIIème siècle, dans la région même d'Anvers - qui grâce à sa situation privilégiée à proximité de l'Atlantique et son accès direct à la mer du Nord et aussi à la découverte du Nouveau Monde, va devenir la grande route d'un commerce mondial d'une importance jamais atteinte jusque-là. Elle, qui a pourtant déjà vu se déployer sur le plan artistique, du tronc de l'arbre de Jessé des peintres - tant de noms célèbres, tels les Brueghel, Rubens, Van Dyck ou Jordaens. Essayons d'en approfondir la parenté.

Il s'agit pour commencer du peintre fondateur, David Téniers I l'Ancien et de son fils aîné, David Téniers II le Jeune, le plus doué et le plus populaire d'entre eux, d'Abraham Téniers, son quatrième fils mort jeune à 41 ans, de David Téniers III enfin, le fils de David II le Jeune, « Le Troisième David Téniers », qui ont été de très bons peintres au XVIIème siècle, les autres représentants de la famille, Julian (ou Juliaen), frère aîné de David l'Ancien, qui l'initia à la peinture, Julian et Theodor, frères directs de David le Jeune, n'eurent pas la réputation de leur frère aîné, même s'ils furent appréciés en leur temps. Ces choses dites, c'est la situation que l'on sait aujourd'hui (depuis peu), elle n'était pas aussi claire et tranchée au XVIIème siècle du vivant de ces peintres, et surtout, comme le souligne un chroniqueur, « Au XVIIIème siècle et jusque vers la fin du XIXème siècle la généalogie de la famille Téniers a été totalement ignorée. La notoriété de David Téniers, deuxième du nom, habituellement dit « le Jeune » pour le distinguer de son père, avait peu à peu éclipsé celle de ses nombreux « homonymes ». Si l'on citait encore David Téniers le Vieux, père du célèbre David II le Jeune, on avait oublié Abraham, son troisième frère, qui avait une certaine réputation de son vivant, et l'on ne parlait jamais du « Troisième David » non plus. « Tout souvenir de leurs noms et de leurs œuvres avait néanmoins sombré dans l'insoucieuse mémoire des générations suivantes ». Qu'étaient devenues leurs peintures ? Dans quelles remises ou greniers dormaient-elles ? Le plus grand nombre d'entre elles a été porté à l'actif de David le Jeune, en raison des prix forts atteints par ses tableaux dans les ventes et partant de sa réussite. Grâce à l'estampe et à la gravure aussi, à l'œuvre gravée au XVIIIème siècle, de Jacques Philippe Le Bas surtout (1707-1783) [1], graveur du Cabinet du Roy, rue de la

1 **Le Bas (Jacques-Philippe) :** Graveur français (1707 - 1783), a tenu toute sa vie à Paris, un atelier d'où est sortie une multitude d'excellents graveurs qui l'aidèrent dans son travail

Harpe à Paris, qui s'était fait une spécialité des peintres septentrionaux français (Lancret) et de David Téniers II le Jeune, d'après qui il a gravé 90 tableaux environ, dont il fut fait force collections, et à la présence d'un certain nombre d'achats de ses toiles de petit et moyen format dans la collection de Louis XVI (début de la collection du Louvre), à cette même époque, le discrédit jeté par Louis XIV sur David Téniers le Jeune était levé.

Le hasard qui fait lentement les choses, voulut qu'un jour le dépouillement d'archives ajouté à la lecture d'un « handboek », sorte de procès-verbal d'inventaire flamingant débouchât sur d'anciennes inscriptions ayant trait aux biens et propriétés, actes de famille, avec dates et circonstances, ré-aiguillèrent les chercheurs dans la voie d'un membre important de cette famille, David Téniers III, le réintroduisant dans le circuit de la profession, lui restituant la paternité de tableaux et un catalogue précis des ses œuvres. Voilà la dernière bombe à retardement, la première étant l'occultation des deux autres Téniers, Abraham et l'oubli relatif du Père, par la réussite de son fils aîné David le Jeune.

David Téniers I, le Père, (dit l'Ancien) et David Téniers II, le Fils, (dit le Jeune), et accessoirement, Abraham Téniers, quatrième fils

---

avec efficacité (Gaucher, Le Mire, Moreau le Jeune, etc.). Toutes ses planches sont commencées à l'eau-forte et terminées au burin. Spécialiste de Téniers II le Jeune.

de David Téniers I l'Ancien, mort à 41 ans, dont le talent est moins grand que celui de son frère mais dont l'œuvre est substantielle (peintre de sujets religieux et de *scènes de genre* animalières), et, longtemps négligé mais à la personnalité importante, David Téniers III, enfin, fils de David II le Jeune, qui signait « Junior » après « David Téniers fecit » (encore que la mention « *junior* » suive la signature ou qu'elle fasse défaut, rien cependant ne contredisant absolument cette opinion). Élève de son père, il travaillera longtemps aux côtés de lui et les travaux des deux artistes seront difficilement discernables, mais son existence distincte était inconnue de la muséographie française avant les années 1970. Ils étaient tous de nom inconnu séparément au bénéfice du seul et unique David Téniers II le Jeune, recouvrant le Père (le Vieux), que l'on citait accessoirement, le dernier Fils (Abraham) et David Téniers III, petit-fils de David l'Ancien, inconnus, puisque n'ayant pas d'existences séparées jusque-là. Cette personnalisation fut soudain une révélation exemplaire, pour tout ce que le monde des spécialistes français de la peinture flamande et des Amateurs d'art pictural éclairés comporte dans ses rangs pour acheter ou vendre et faire rayonner les grands créateurs étrangers. Le monde important de la peinture, dont le commerce était si répandu dans le monde occidental voire au delà, avait occulté pour des raisons obscures (influence du roi Louis XIV ? Le Roi, avait en effet, pris en détestation

David Téniers le Jeune, dont la prolixité et le succès précoce le rendaient omniprésent et incontournable sur le marché : *Qu'on enlève tous ces magots*, s'écriait-il en apercevant à Versailles, *quelques bambochards de Téniers !* Le commerce des gravures reproduisant les toiles les plus connues ou les plus importantes de chacun des grands artistes peintres internationaux, battait pourtant fructueusement le pavé en ces siècles où n'existait pas la photographie, et les grands peintres poussaient à la reproduction de leurs œuvres par la gravure, quand ils ne dirigeaient pas la diffusion eux-mêmes (David le Jeune, entre autres). L'existence de ces personnalités, les quatre premiers cités surtout, échappa à la critique de la postérité et à celle du monde des collectionneurs qui suivirent, les confondant globalement en une seule et même personne, celle de David Téniers II, le Jeune, fils aîné de David Téniers I l'Ancien, dont la personnalité artistique de premier plan à l'œuvre importante était pourtant bien connue de son temps dans les Flandres et au delà, par ses contemporains, Rubens et Elsheimer, dont l'influence lui fut fructueuse à tout égard en particulier, et par les amateurs d'art et directeurs de musées. La postérité l'avait simplement oublié, et porté son œuvre à l'actif de son fils aîné, à la grande réputation, il est vrai. En fait, c'était toute la famille Téniers, qui, dès la génération du père (David Téniers l'Ancien), peignait. Son frère aîné, Julian Téniers II, qui peignait des personnages dans les paysages de Josse de

Momper [2], jusqu'à la deuxième génération, celle du prestigieux David Téniers II le Jeune, l'aîné de ses fils, Julian Téniers III, son frère, peintre et marchand de tableaux, Theodor Téniers, son autre frère et peintre, comme Abraham Téniers qui les suivait en âge, le 4ème de ses fils, peintre de sujets religieux et de genre animalier qui eut une importante activité de marchand, tout comme son frère aîné dont il traite les mêmes sujets mais n'en ayant pas la même maîtrise, ses œuvres sont depuis longtemps attribuées par les marchands à son frère aîné, David le Jeune. David Téniers III « Junior », enfin, peintre de sujets religieux et de genre, à la 3ème génération, élève de son père David Téniers II le Jeune, parti en Espagne (Madrid) et revenu maître à Bruxelles et travaillant avec son père, leurs œuvres se distinguant difficilement l'une de l'autre ; il travaille aussi pour les fabriques de tapisseries. David Téniers IV enfin à la 4ème génération, élève de son père David Téniers III, aussi peintre d'après certaines informations, mais contredites depuis : il est actif au Portugal, mais c'est en tant que négociant ; il meurt à Lisbonne en 1771.

C'est dire si ces deux peintres surtout, David Téniers l'Ancien et David le Jeune, les « Téniers », comme on dit désormais aujourd'hui, ont du mal à se faire un nom en France dans sa population,

2 **Momper (Josse de) :** Paysagiste anversois (1564 - 1635) que caractérise son maniérisme fantastique ; servit de modèles à David II le Jeune.

mais aussi dans ses musées, le Louvre en premier, la muséographie ayant occulté cette famille d'artistes, collectivement donc, car ils sont un lien avec tout un mouvement pictural primordial de la peinture flamande auquel ils appartiennent, et individuellement, le peintre David Téniers II le Jeune occupant le haut de la scène et occultant la personnalité et l'œuvre du Père jusqu'à une époque récente, provoquant involontairement une confusion regrettable au détriment de tous. Or, il ne s'agit pas, pour ces peintres, d'artistes mineurs. Et, il faut leur ajouter, non seulement la production non négligeable d'Abraham Téniers, mais aussi, à la lumière de révélations récentes, l'œuvre et la personne du « Troisième David Téniers », le fils de l'illustre David le Jeune.

Leurs œuvres sont, par contre-coup, pour le père, peintre prestigieux, ami de Rubens et peintre influent, surtout à l'étranger, et pour le fils, le Louvre a réussi à collectionner 33 peintures (34 en fait, avec une dernière acquisition non encore accrochée), rassemblées en 4 salles au 2ème étage du Bâtiment Richelieu, de petits (surtout) et moyens ou plus grands formats dus à un seul membre de la famille, le plus célèbre, David Téniers le Jeune. Le père, David Téniers l'Ancien, a laissé aussi un nom à la postérité, mais une seule toile au Louvre, absence d'œuvre pérennisée encore aujourd'hui, hormis cette crucifixion aux deux larrons ou *Calvaire,* longtemps méconnue... Le dernier

Téniers, un David Téniers le Jeune à nouveau, fait partie des dernières acquisitions du Musée, il s'intitule *Le marchand de moules*, le 34ème Téniers le Jeune, c'est un petit format.

L'énigme réside aussi dans le patronyme, dont « l'ancêtre » proche, père de Julian et de David l'Ancien, était mercier établi à Anvers en 1558, depuis plusieurs générations peut-être. Par ses origines, la famille Téniers n'est pas flamande mais wallonne; elle venait du village d'Ath (néerl. Ast) qui est aujourd'hui chef-lieu d'arrondissement du Hainaut, en Belgique. Dans cette ville aujourd'hui et dans toute la région de Mons on rencontre de nombreux « Taisnières » dont l'étymologie donne en français : Tanière (repaire du blaireau), synonyme des Taine ou Taisne des Ardennes, d'après le tesson, vieux nom du blaireau. Or, le nom de Téniers dans les actes du XVIIème siècle et même sur les toiles, est orthographié de manières très diverses, Taisnier, Ténier, Teyniers, Teynnier, Tesnier. Le premier ascendant connu fut un certain Jean Taisnier, né à Ath vers l'an 1500, qui remplit à la cour de Charles-Quint les fonctions de précepteur des pages et de maître de danse. Ce danseur-musicien était en même temps juriconsulte et mathématicien notoire. Lorsqu'il mourut à Cologne il était maître de chapelle de l'archevêque-électeur. Les Téniers demeurés en Wallonnie occupaient des emplois plus modestes. L'un d'eux Joachim, était carillonneur de l'église St-Julien à Ath. Son fils Julien quitta le village pour s'établir à Anvers, en 1557, où il fonda une maison de mercerie. Deux de ses fils furent peintres, l'aîné Julien, né en 1572, fit partie de la confrérie de St-Luc. On ne connaît aucun tableau de lui, mais il jouit d'une assez grande réputation, car il eut de nombreux élèves, parmi lesquels son jeune frère David, le père de David le Jeune.

Les Téniers, père et fils, essai d'approche biographique

David Téniers I, L'Ancien (Anvers 1582 - Anvers 1649)

David I Téniers le Père est une figure marquante de cette dynastie de peintres flamands, originaires d'Anvers, de la famille Téniers. Il est d'abord l'élève de son frère aîné Julian (ou Juliaen) Téniers, né en 1572 à Anvers, mort le 11 mars 1615. Maître en 1594, Julian Téniers épouse Suzanne Congnet en 1595. Peintre de fleurs, il peint souvent des figures dans les paysages de Josse de Momper. « David, l'Ancien, peignait alors dans la manière des peintres d'Anvers. Il reçoit ensuite l'enseignement de Rubens (1577-1640), peintre flamand de grand renom qui lui trouva assez de dispositions pour l'avancer de façon extraordinaire. Ses heureux succès étonnèrent son maître. Ils le mirent à la tête de l'École et quoiqu'il suivit la manière de Brouwer[3], Rubens le regarda comme son plus digne élève, par le beau génie qui brillait dans ses dessins. » Téniers au sortir de cette École commença par être fort employé et se trouva en peu de temps en état d'entreprendre le « voyage d'Italie ».

Durant son séjour en Italie, il serait, selon Bie Sandrart et J.B. Lebrun, le fameux « connaisseur » et marchand du 17ème siècle, le disciple d'Elsheimer,

---

3 **Brouwer (ou Brauwer) Adriaen :** Peintre flamand (1605 - 1638), le plus grand « peintre de genre » flamand du XVIIème siècle, disciple de F. Hals, aux dons admirables d'observateur et de coloriste. Meurt jeune à 32 ans.

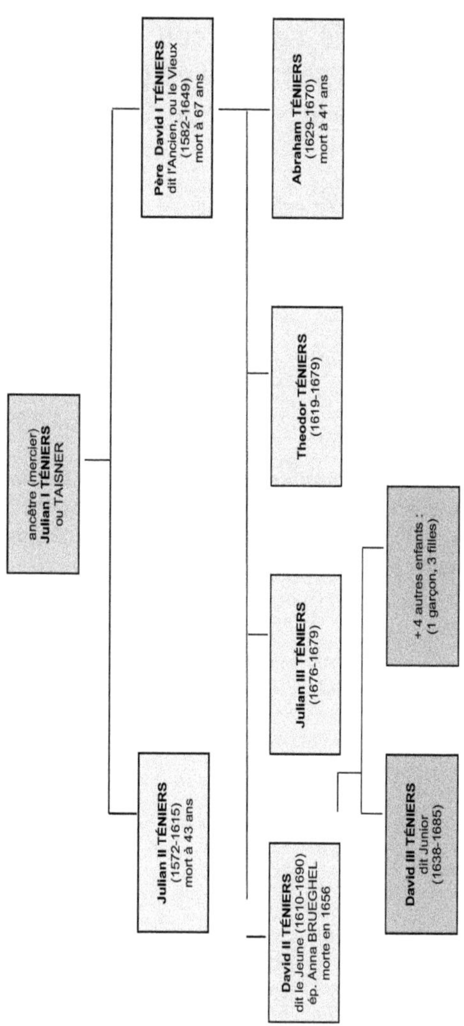
ancêtre (mercier)
Julian I TÉNIERS
ou TAISNER
Julian II TÉNIERS
(1572-1615)
mort à 43 ans
Père David I TÉNIERS
dit l'Ancien, ou le Vieux
(1582-1649)
mort à 67 ans
David II TÉNIERS
dit le Jeune (1610-1690)
ép. Anna BRUEGHEL
morte en 1656
Julian III TÉNIERS
(1676-1679)
Theodor TÉNIERS
(1619-1679)
Abraham TÉNIERS
(1629-1670)
mort à 41 ans
David III TÉNIERS
dit Junior
(1638-1685)
+ 4 autres enfants :
(1 garçon, 3 filles)

arrivé à Rome en 1600. En 1606 il était de nouveau à Anvers, puisqu'à l'âge de vingt-quatre ans, il est admis au sein de la Gilde anversoise des peintres de Saint-Luc. C'est lors de son séjour à Rome qu'il fait la connaissance en effet du peintre et graveur allemand Adam Elsheimer [4], né à Francfort-sur-le-Main (1578-1610) qui se fixe à Rome en 1600, où il est l'ami de Rubens et de Paul Bril. Elsheimer pratique, un des premiers et en petit format, le paysage historique. Paul Bril [5] (1554-1626), peintre flamand, originaire d'Anvers comme David l'Ancien, fut un paysagiste (toiles au Louvre) de la campagne romaine, il annonce Claude Lorrain. David l'Ancien retourne dans sa ville natale où il retrouve Rubens en 1608, de retour de Rome.

Ses qualités de peintre l'amènent à exercer ses compétences sur d'importantes compositions

4 **Eisheimer Adam :** Peintre allemand (1578 - 1610), formé à Francfort, il se rend à Munich puis à Venise et à Rome où il se fixe en 1600. Auteur de petits tableaux sur cuivre où le paysage est important. Subit influences vénitiennes et caravagesques. Plusieurs de ses tableaux nocturnes, à sentiment romantique de la nature à ordonnance équilibrée influencèrent de nombreux paysagistes italiens et français et David Téniers le Vieux.

5 **Bril Paul :** Peintre et graveur flamand de la région d'Anvers (1554 - 1626), a réalisé à partir de 1580 de nombreuses scènes religieuses, allégoriques et mythologiques ou de vision pittoresque et anecdotique avec vues de la campagne romaine et de nombreux petits paysages sur bois, toile ou cuivre. Le maniérisme flamand y disparaît en faveur d'une conception plus ample et monumentale. La distribution de la lumière, une organisation des masses et l'évocation d'un univers bucolique concourent à un type de paysage « idéal » ou « classique » qui marqua Poussin et le Lorrain.

sacrées, historiques et mythologiques. On lui doit quelques tableaux d'inspiration religieuse, des œuvres de commande. Il travailla pour les églises de St. Nicolas (*la Consécration de St.-Nicolas*), Aalst, Dundermonde et Termse. Ses compositions furent gravées par Egbert Van Panderen et plus tard par Cornelis Galle. Par goût, il est amené à peindre des *scènes de genre* (kermesses, fêtes au village, intérieurs de cabarets), marquées par un sens de l'humour. Ses compositions sont très souvent confondues avec celles de son fils aîné, David Téniers II, dit le Jeune. Il est vrai, que les Téniers, père, fils et petit-fils, ont excellé dans le genre des peintures populaires flamandes. À 24 ans, il avait exécuté dans l'église St. Paul, une série de peintures représentant *les 7 œuvres de la miséricorde.*

2 - Le Père, son Fils et l'âne :

Dans ces premières années du XVIIème siècle, les Téniers, père et fils, sans notoriété particulière, qui ne vînt que progressivement, et surtout un peu plus tard en la personne de David le Jeune, n'avaient que leurs bras pour peindre et leurs jambes pour se déplacer et vendre leurs toiles. Téniers l'Ancien se déplace beaucoup, il fait pour commencer le voyage à Rome, c'était le métier. Nicolas Poussin ne fit pas autre chose, à l'automne 1623 ou au printemps 1624, où il repart en Italie pour y rejoindre à Rome le Cavalier Marin, son protecteur. L'année où le Bernin commence le baldaquin de Saint-Pierre, et où Simon Vouet, installé à Rome depuis 1612, est nommé Prince de l'Académie de Saint-Luc, institution qui regroupe tous les peintres qui travaillent à Rome. David Téniers l'Ancien s'exerça le premier à peindre des scènes de vie rustique et le paysage.

Marié en 1608 à Dymphna Cornelissen de Wilde, David l'Ancien eut cinq enfants, 4 garçons, tous peintres : Julian III, Theodore, Abraham, mais le plus important fut son fils aîné, David II, et une fille. « Ce dernier aimait beaucoup son père, mais la vie fantaisiste et désordonnée de David l'Ancien jeta parfois la famille dans de pénibles embarras : ce fut souvent la gêne, quelquefois pis ». En proie à de régulières difficultés d'argent (il est emprisonné en 1625, pour avoir donné en garantie d'un emprunt une maison déjà criblée d'hypothèques) ; il se livre de plus en plus après 1629, au commerce des tableaux.

On le voit, il s'en fallait beaucoup que les Téniers (père et fils) fussent des seigneurs. David l'Ancien peignait les paysans et il suivait leur mode de vie, vivant à l'instar de ses modèles. La tradition le représente avec son fils, David le Jeune, se rendant dans les marchés et les foires, vendre leurs tableaux chargés sur un âne, d'Anvers à Bruxelles, proposant leur marchandise. Il leur arrivera plus souvent qu'à leur tour, de remporter leurs toiles, ne trouvant pas preneurs. « L'âne, dit Dezallier d'Argenville, rapportait les belles pièces et ne plaçait que les menues denrées ». C'est peut-être une des raisons pour laquelle, David le Jeune, comme son père, a tant produit de petits formats, comme on peut le constater au Louvre. Mais le père fut aussi un marchand de tableaux avisé, qui fut toute sa vie préoccupé de la vente. On sait qu'il a pris part à la foire de Saint-Germain à Paris en 1635, avec de nombreux tableaux de lui-même et de ses deux fils, David et Julian (Théodor et Abraham étaient trop jeunes). À l'époque, la célèbre Abbaye de Saint-Germain-des-Prés abrite une colonie d'artistes peintres flamands ou hollandais auxquels s'ajoutent des provinciaux comme les frères Le Nain. À cette occasion, se pose la question, est-ce que les frères Le Nain, contemporains des Téniers, les ont connus et rencontrés, en 1635 par exemple ? Ont-ils été influencés par eux ou à l'inverse, ont-ils exercé une influence sur les Téniers ? Les dates concordent et les deux familles ont abondamment pratiqué les *scènes de genre.* Il est intéressant de savoir sur ce sujet, que les frères Le Nain (Antoine, Louis, Mathieu) redécouverts par l'écrivain Champfleury (1821-1869), originaire de Laon, comme la famille Le Nain, les trois frères qui signaient seulement de leur nom de famille, ont fait l'objet à partir du XIXème siècle de nombreuses recherches. Paul Jamot, au XXème siècle, a proposé de distinguer leur manière respective et leur a attribué une production propre, alors que l'on considérait auparavant qu'ils travaillaient en commun. Malgré les évidentes difficultés de facture, bien des attributions paraissent cependant hypothétiques, et les données biographiques sont pauvres. Ils reçurent durant une année l'enseignement d'un « peintre étranger » probablement flamand. Qui était-il ? En 1629, on les trouve établis à Paris et Antoine est maître peintre à Saint-Germain-des-Prés. Au début du mois de février 1637, Louis et Antoine ont un atelier, rue du Vieux Colombier.

Téniers l'Ancien acquerra aussi sa renommée grâce à la reproduction de paysages des alentours d'Anvers et de la campagne flamande. « On est si prévenu, même avec le recul, en faveur de David Téniers le Fils, qu'on regarde le Père comme un peintre médiocre dont les tableaux ne méritent pas d'entrer dans les « Cabinets des Curieux », écrit Dezallier d'Argenville (supplément à l'Abrégé de la vie des plus fameux peintres, 3ème partie, 1752). L'occultation, et la quasi mise à l'écart des autres peintres de la famille par la réputation du Fils aîné est telle qu'on inverse la vision normale qu'on devrait porter sur le Père, peintre d'un talent reconnu par tous de son vivant. Et on la fausse. Ce jugement rapide et injuste fait, poursuit le chroniqueur, « qu'on trouve souvent dans de belles collections des ouvrages du père, qu'on prend pour être de son fils. Quoiqu'on en dise, le père a certainement été l'inventeur de la manière, et le fils qui était son élève, n'a fait qu'y ajouter ce qui pouvait manquer à la perfection du pinceau et aux règles de l'Art. On ajoute aisément à l'invention d'un autre, mais celui qui invente est toujours le créateur ; ainsi la plus belle production imitée ne doit point recevoir les éloges de l'invention ».

David Téniers l'Ancien, peintre flamand né à Anvers, rencontre sur son chemin le génial Rubens fils d'un échevin d'Anvers exilé à Cologne qui revint avec sa mère s'établir à Anvers en 1589 qui lui donne les premiers rudiments du métier de peintre, et lui trouvant des dispositions naturelles supérieures, lui inculque une technique singulière de travail et de style, que l'on retrouvera à la fin de son œuvre, dans la facture de son « Calvaire » du musée du Louvre, où le peintre retrouve la patte du maître pour peindre sa crucifixion et son ciel tourmenté, semant le trouble dans la critique. Ses succès confirment l'appréciation de son Maître qui le porte à la tête de l'École, pour son génie du dessin en particulier. Quant à l'École, il ne s'agit pas de l'Atelier du peintre, mais d'une École de formation, officielle et réputée, sous la direction du Maître. Il est primordial de préciser ici la place et l'influence de l'illustre peintre dans la proximité de la famille Téniers, dès l'apprentissage du père, David l'Ancien et dans la formation du fils, David le Jeune. Malgré l'influence déjà marquée de Brouwer dans ses toiles, David l'Ancien, se trouva très vite en mesure d'affronter le voyage en Italie, Rubens le regardant avec fierté, comme son plus digne élève. « Il se fixe à Rome chez Adam Elsheimer, qui était en grande réputation, et dont il saisit toute la manière, sans négliger l'étude des grands Maîtres, dont il tâchait de pénétrer l'artifice. Son séjour le mit en état de devenir un des premiers dans son genre : un assemblage assez heureux de l'École de Rubens et d'Elsheimer avait formé en lui une manière aussi agréable que divertissante ».

3 - Le retour dans les Flandres,

David I l'Ancien se consacra à la peinture de petits tableaux remplis de figures de Buveurs et de « chimistes », des kermesses avec force paysans et paysannes prises sur le vif. « Il y répandit tant de goût et tant de vérité, que la nature n'était pas plus vraie, et ne faisait plus d'effet que ses tableaux. Tout le monde lui en demandait. Son Maître voulut en orner son cabinet ». Ce n'était pas un mince encouragement ! Que sont devenus ces tableautins inspirés des œuvres de David le Vieux et de son fils, David II qu'ils intitulaient « l'Alchimiste » (« le grand Chimicq », un valet embrassant la femme d'un vieillard, le roi qui boit, la femme qui pèle des navets, le chirurgien pensant un blessé...), etc. Le premier, l'Alchimiste, paraît avoir suivi les destinées du groupe de famille de Lierre. M. Wuyts devint en 1840 propriétaire des deux œuvres et toutes deux ont fait partie du legs de Mme Wuyts à la ville de Lierre. Cet Alchimiste a été si indiscrètement restauré et repeint qu'il ne reste à peu près rien de l'œuvre originale...

« David le père s'est caractérisé par ses tableaux et par ses sujets qu'il traitait ordinairement, poursuit le chroniqueur, tout le portait à la joie et au plaisir : sans cesse occupé à dessiner d'après nature ce qui se présentait devant lui, ses deux fils (David et Julian) l'accompagnaient dans ses courses, et il les accoutuma à ne rien peindre que d'après d'aussi sûrs modèles ; ils en surent bien profiter, surtout David le Jeune, qui devint encore plus habile que son père. À l'égard d'Abraham, quoique bon peintre, il fut très inférieur. Ce sont les seuls élèves que l'on connaît à David Téniers le père, qui mourut à Anvers en 1649, à l'âge de 67 ans » (le même âge que Le Vinci). On peut noter que cette remarque, faite le siècle suivant, autour de l'année 1752, sur Abraham Téniers, reconnaissant l'état de peintre au quatrième fils de David l'Ancien, en le situant en deçà des autres fils, et du père, ne mentionne ni Julian, ni Théodore, ses autres fils peintres.

Sur le problème des influences, il est certain et il a été dit que David le Jeune, après son apprentissage chez son père, a collaboré avec lui, ce qui est normal, avant d'être nommé Maître à son tour. À partir de là, il s'éloigne du style de son père qui reste, par ses représentations de sujets bibliques et mythologiques, dans la tradition d'Adam Elsheimer.

4 - David Téniers l'Ancien, une découverte récente :

En consultant les innombrables cartons concernant les peintres Téniers, courriers, articles, notes et reproductions annotées, tous et toutes confirment que David Téniers l'Ancien, dont les nom et prénom prêtent à confusion avec son fils aîné, est une découverte récente de la muséographie française des années 1970. C'est en effet à son fils aîné, plus connu, que l'on attribuait bon nombre de toiles du père ! David L'Ancien ou le Vieux, est une récente et spectaculaire redécouverte de l'érudition française. Son œuvre a été reconstituée à partir de quelques productions signées (une « Adoration des Mages » de 1609, jadis dans la collection Lighart à Ratshof (en 1900), de divers retables d'églises documentés et d'un certain nombre de compositions connues par la gravure (Cornelis Galle en particulier dont « Les quatre Pères de l'Eglise » gravés d'après David Téniers I se situent entre 1622 et 1625 ou Theodor Galle qui édita une série de « Sept Saintes » gravées et non signées mais pourvues de l'*invenit* de David Téniers I). Son art et sa manière de peindre les retables où la froideur académiste des Francken [6] se renforce de la leçon d'Elsheimer portée à une échelle monumentale, se remarquent dans ses principales réalisations : « le Retable des saints Édouard et Christine » à l'église N.-D. Dendermonde (Belgique), le « Triptyque de sainte Amelbergue » à l'église de Temse et « le Christ au jardin des Oliviers » de l'église Saint-Paul à Anvers, encore visibles aujourd'hui. C'est surtout en tant que brillant disciple d'Elsheimer que le doyen des Téniers s'illustre dans « ses tableaux de cabinet à petites figures fignolées et vastes paysages boisés agréablement balancés ». Les sujets en sont religieux (« Tentation du Christ », daté de 1611, « Saint-Paul à Malte », (Musée de l'Ermitage), « Rencontre de Jacob et de Laban », Anvers), ou antiquisants (« Alexandre et Diogène », Londres), « Paysage avec pâtre flûtiste » (Musée de l'Ermitage) dont « le coloris vif et frais et la lumière matérialisée par des faisceaux obliques d'un plaisant effet » sont principalement appréciés. Quant à son sens moderne du paysage, il se précise dans de petits tableaux à sujets mythologiques du Musée de Vienne (« Jupiter Junon et Io » ou « Mercure et Argus », « Vénus et Vulcain », qui préfigurent les paysages animés de son fils aîné David le Jeune et informent sur la plus que probable collaboration

---

6 **Frans Francken le Jeune :** Famille de peintres anversois des XVIème et XVIIème siècles dont Jérôme Francken le Vieux, Franz 1er le Vieux et Franz le Jeune.

des deux Téniers I et II. Son œuvre tardive avec réminiscences de son mentor Rubens du musée du Louvre est traitée maintenant. D'autres œuvres figurent dans les principaux musées ou galeries de Bruxelles, Madrid, Dresde et Berlin notamment.

Il fallut donc attendre cette date récente, pour qu'on s'aperçoive que le nom du peintre David Téniers recouvrait deux personnages, deux peintres distincts, le père David Téniers l'Ancien, dont les dons et le talent différaient tant soit peu de son fils et élève, David Téniers II le Jeune, au goût si diversifié, tous deux si appréciés de leur vivant. Ce qui explique aussi l'absence pérennisée de Téniers l'Ancien au Louvre aujourd'hui, hormis une crucifixion ou « Calvaire », « Le Christ sur la croix entre les deux larrons daté de 1640.

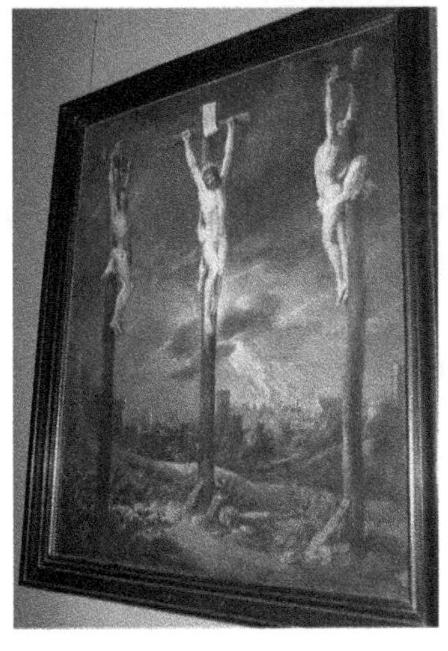

*« **Christ sur la croix entre deux larrons** » **ou** « **Le Calvaire** », daté de 1640. Hauteur 0,86m* **x** *largeur 0,69m. Description : Hauts du Golgota, Jésus en croix et les deux larrons se détachent sur le ciel sombre que sillonne la foudre. Au fond la ville de Jérusalem. Travail tardif et inattendu chez lui, mis à part l'éclairage dramatique. L'habituelle confusion entre le père et le fils étant, fait digne de remarque, évitée, l'attribution à Téniers père est récusée, mais sommairement par Judson, au profit de Téniers fils. En effet, le démarquage est presque littéral des « Trois Croix » de Rubens du Musée Boymans de Rotterdam, esquisse peinte vers 1620 et sans doute abandonnée et complétée par une main étrangère, pour être finalement gravée par S. Bolswert (1587-1639). Téniers père s'est ici inspiré de ce tableau agrandi, et non de la gravure, réalisant une copie à la fois fidèle et personnelle. Il se montre ici un original disciple de Rubens, tout en gardant le sens des éclairages fantastiques chers au peintre allemand (Elsheimer).*

Note de 1972, d'un spécialiste : « Rien au Louvre ! Peintre rare, peu connu, Téniers père tout récemment exhumé d'un oubli de trois siècles (il était toujours confondu jusque-là avec son fils, David Téniers II), grâce à une monographie de Duverger et Vlieghe, sortie à Utrecht en 1971. À notre connaissance, rien non plus dans les musées français. Ici, exemplaire d'autant plus rare qu'il s'agit d'une œuvre très tardive, peinte sous l'influence de Rubens. L'auteur de la note en est Jacques Foucart (Revue de l'Art n° 21/1973). Un autre tableau, « Les Trois Croix ou la mort de Jésus », peint sur cuivre, 84cm x 68cm, a été acheté en 1955 chez M. de Salvatore, antiquaire à Dijon...

« David Téniers I le Vieux, est beaucoup moins connu jusqu'ici, c'est une des plus récentes et des plus spectaculaires révélations de l'histoire de l'art depuis 1945. Téniers père est essentiellement un fidèle disciple, d'ailleurs original et attachant, d'Elsheimer. Pourtant la facture de la matière du ciel et l'insistance de l'écriture ne sauraient laisser planer le moindre doute quant à la judicieuse attribution à Téniers I le Père, proposée par le donateur du tableau. Or la référence rubénienne est évidente, il n'est que de se rappeler la pathétique esquisse des « Trois Croix ». Il est manifeste que Téniers le Père, à une date relativement tardive (son activité picturale ralentit considérablement après 1629...) s'est laissé circonvenir par la puissante influence de Rubens et de son sens sculptural et dynamique du corps humain modelé dans la lumière qui est a priori impensable chez un « elsheimérien » minutieux et « détailliste » virtuose comme l'est Téniers I ». Jacques Foucart (Revue de l'Art n° 21/1973).

David Téniers I dit le Vieux et Louis de Callery (1575-1621) ont travaillé ensemble dans une huile sur panneau du Louvre (50,5cm x 76 cm.) « L'Incendie de Troie ». Dit aussi, Louis de Caulery [7], ce dernier est peintre de fêtes (« Jardin d'amour », Ryksmuseum d'Amsterdam) et de

7 **Caulery (Louis de) :** Peintre de fêtes religieuses et de rencontres mondaines, originaire de la région de Cambrai. Fin du XVIème siècle, début du XVIIème siècle.

réunions mondaines, peut-être originaire de Cambrai.

David Téniers l'Ancien est l'auteur de la frise animée des personnages vêtus à l'antique qui se déploient au premier rang. Disciple d'Elsheimer à Rome durant les années 1600-1605, c'est à ce dernier qu'il emprunte le schéma de sa composition, issu du tableau conservé à la Pinacothèque de Munich. À travers lui, il a assimilé l'influence du maniérisme italien, les couleurs des Vénitiens et la technique de dessin des maîtres allemands.

David Téniers l'Aîné ne mérite pas l'indifférence que certains critiques affectent pour son œuvre. Rubens, dont il fut l'ami et l'élève, le tenait en grande estime, et ses concitoyens avaient la plus haute opinion de son talent. Dans la deuxième partie de sa vie, il se spécialisa dans le genre familier et rustique où son fils – David II Téniers – devait s'immortaliser. Quand il mourut, le jésuite Papebroeck, dans les « Annales d'Anvers », signalait sa mort dans ces termes : « À cette date (1649), sortit de la vie David Téniers, peintre, qui n'était pas indigne de son maître Rubens ».

David Téniers II, dit Le Jeune (Anvers 15 décembre 1610 - Bruxelles 25 avril 1690)

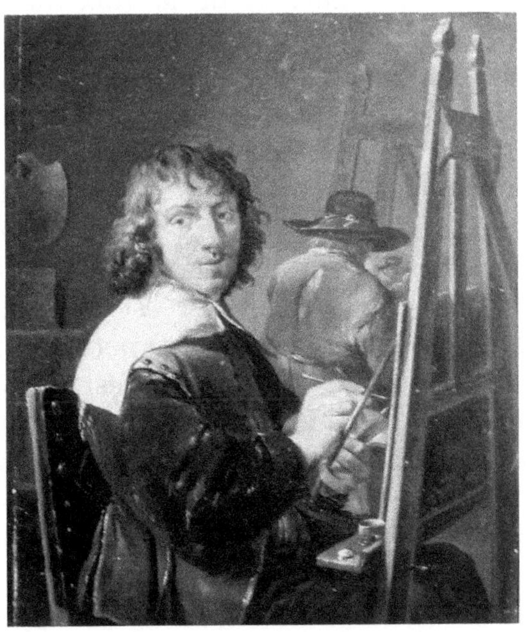

Rubens, qui était l'ami du père, aimait le fils encore plus. Il venait parfois dans l'atelier de Téniers l'Ancien et il encourageait le jeune David :

Un jour Téniers (le Jeune) âgé d'environ quinze ans, peignait dans l'Atelier de son père. Entre Rubens. Tout le monde frémit à l'apparition du grand peintre, on pense que l'adolescent aussi, de peur ? - Non, mais d'enthousiasme, oui -. Rubens s'arrête devant le chevalet de l'élève, il jette un regard attentif sur son travail, puis saisissant la main au pinceau du jeune David, il oriente le geste, le conseillant judicieusement, l'élève fier du regard et de la voix du peintre génial qui daigne lui consacrer quelques secondes de son temps précieux. Le courant est passé. N'est-ce pas là une scène à peindre ? Cet élève qui est Téniers, ce maître qui est Rubens, et la tradition du génie se transmettent ainsi de vive voix. La touche est fort remarquable chez Téniers, et c'est peut-être de toutes ses qualités la plus caractéristique. « Elle n'est pas seulement variée et guidée par le sentiment permanent de la perspective, dans les lointains, si c'est un paysage, ou dans les profondeurs si c'est une tabagie, la touche de plus en plus imprécise, adoucie et comme soufflée, dit la présence de l'air ».

La manière de distinguer les tableaux du père et du fils, consiste à ce que l'on trouve plus de finesse dans la touche du fils, un pinceau plus frais, plus de choix dans les attitudes, des ordonnances plus belles. « Le père avait beaucoup de couleur : il tenait un peu plus du ton d'Italie ; mais on trouve moins d'union dans le tout ensemble ». On remarquera encore que du vivant du père, Téniers le fils a toujours mis en bas de ses tableaux, David Téniers « junior » : ceci joint à la date de l'année indiquera certainement ce qu'on doit attribuer au père.

Voilà tout, ce qui peut faire distinguer leurs ouvrages quoiqu'on puisse dire que quand le père a voulu s'attacher à bien peindre un tableau, il est très conforme à la manière de son fils. Les dessins du père ne se distinguent point assez de la manière du fils, pour en pouvoir prescrire des marques essentielles. On pourra consulter dans la vie de David Téniers II le fils, ce qui est dit de ses dessins. On a peut-être gravé d'après les tableaux du père plusieurs morceaux qu'on a cru être de son fils, écrit Dezallier d'Argenville. Pour ma part, je croirais plutôt que le Fils, dans son application à égaler le Père, s'est identifié à la perfection du Père. Bon chien chasse de race.

Nous sommes confrontés à deux personnalités artistiques étonnantes, au sens de la composition et à la qualité et au métier de peintre rares, dont le parcours personnel les a conduits à des thèmes en partie différents, mais se rejoignant au sommet d'un commun génie, la réussite permettant à David le Jeune une production supérieure à celle de son Père (N.D.L.R.). « David Téniers le Jeune devait avoir cette destinée, assez rare chez les fils des hommes célèbres, d'être plus grand que son père », poursuit notre auteur. « Son coloris fin, transparent, agréable, ses tons argentins suffisaient sans doute pour les distinguer des autres peintres, mais il a un mouvement du pinceau si franc, si léger, si facile, que c'est par là principalement qu'il se trahit.

Sa manière, du reste paraît si naturelle, qu'on ne suppose pas au premier abord, qu'il existe une autre façon de peindre. Doué d'un tact sûr, d'un esprit fin, David Téniers le Jeune savait d'ailleurs, tout en restant lui-même, varier sa touche suivant les objets et leur donner ainsi une troisième fois l'accent de la réalité ».

Comme le remarque Emmanuel Bénézit (Les Peintres anciens et modernes), le jeune David fut d'abord l'élève de son père, David Téniers le Vieux, excellent peintre qui s'était formé à l'école de Rubens et avait longtemps vécu en Italie. Il prit ensuite des leçons d'Adriaen Brouwer et l'on peut dire que celui-ci fut son véritable maître. Le passage qu'il fit dans l'atelier de Rubens, si l'on suit E. Bénézit, aurait moins sensiblement influé sur son talent. Il fut reçu maître peintre en 1632 et ses débuts ne furent pas tout à fait heureux. En effet, il plaçait difficilement ses œuvres auxquelles étaient préférées celles de Van Thilborg, de Van Artois et de Van Heil [8] qui

8 Gillis Van Thilborg (ou Van Tilborch), peintre flamand baroque né en 1625 et mort en 1678 à Bruxelles. Il a été formé par son père, puis par David Téniers le Jeune, avant d'être admis à la Gilde des peintres de Bruxelles en 1654. Il y ouvre un atelier où il reçoit de nombreux élèves. En 1666, il est chargé de la garde des collections du château de Tervueren. Il fait un séjour en Angleterre en 1670-1671 où il peint notamment *The Tichborne Dole*. Ses sujets de prédilection sont les paysages de sa région, les forêts et les canaux. Les rares personnages qui figurent dans ses toiles sont rarement de sa main. Plusieurs de ses tableaux sont dans des musées (Spencer Museum of Arts à Lawrence, Château de Bel-Œil, Musée Royal des Beaux-Arts de Belgique à Bruxelles, Musée du Louvre).

bénéficiaient d'une mode dont le temps devait faire bonne justice.

Une circonstance heureuse changea subitement la situation du jeune David : l'archiduc Léopold ayant vu un de ses tableaux, le fit appeler. Il fut si captivé, non seulement du talent de l'artiste, mais aussi de son caractère, qu'il se déclara son protecteur, le nomma peintre de la cour, chambellan et directeur de sa galerie de tableaux. Il fit même envoyer des œuvres de son protégé dans les différentes cours d'Europe. Avec des peintures aussi originales et curieuses que les « Tentations de St. Antoine » et leur

---

Jacques Van Artois (ou Jacques d'Arthois), paysagiste baroque flamand, Bruxelles 1613 - 1686. Il fut l'élève de Jan Mertens et de Wildens. Il forma son propre style à l'étude de la nature. Nommé Maître en 1634, il sera par la suite le professeur de Cornelius Huysmans. Il fut l'ami de Téniers le Jeune qui avait une très haute estime de lui. Amateur de grands formats, il s'inspira surtout des forêts des environs de Bruxelles (Soignies). Il continua la tradition du paysage sylvestre inauguré par Paul Brill et Gilles Van Conninxloo (poète de la nature sauvage, sensible au menu détail des frondaisons). Bien caractéristiques de son goût baroque sont ses talus de chemins et ses sablonnières, intensément éclairés par d'épaisses masses de verdures sombres. Son influence et ses nombreux élèves font de lui le chef d'une école bruxelloise de paysagistes au XVIIè siècle. Le musée de Montpellier conserve un tableau signé par d'Arthois et Téniers le Jeune. Celui du Prado a dans ses collections quatorze tableaux, le musée royal des Beaux-Arts de Bruxelles celui de Quimper en possèdent aussi un.

Daniel Van Heil, né en 1604 et décédé en 1664 à Bruxelles. Il était un peintre paysagiste flamand de style baroque. Reprenant une tradition du début de siècle, il se plaît aux vues d'hiver, aux incendies (le Sac de Troie) et aux effets de lune. Il était le frère des peintres Jean-Baptiste, portraitiste, et Léo Van Heil, et le père de Théodore Van Heil.

contenu fantastique, et les « tableaux de genre », le succès fut au rendez-vous. Le roi d'Espagne devenu un « aficionado » de l'artiste, décida de lui faire construire une galerie destinée à recevoir uniquement de ses peintures.

1ère période : Les années de Maîtrise.

David Téniers II, le Jeune, a débuté dans l'atelier de son père et a collaboré avec lui. Nous ne pouvons saisir l'œuvre du jeune Téniers qu'à partir de 1633, après avoir été reçu Maître de la gilde de St. Luc à Anvers et qu'il signe et date ses tableaux.

À cette époque, David le Jeune s'éloigne du style de son père qui reste, par ses représentations de sujets bibliques et mythologiques, dans la tradition d'Adam Elsheimer. Le jeune Téniers va néanmoins éprouver l'envie de peindre, à l'instar de son père, des scènes de la vie quotidienne ou des intérieurs peuplés de personnages ou de types sociaux agrémentant des scènes de paysages flamands, dite « peinture de genre ».

Et Téniers le Jeune ne s'en tiendra pas à la seule tradition breughelienne en vogue à Anvers, il va s'orienter vers un modèle plus moderne, celui d'Adriaen Brouwer (1605-1638), qui, rentré en Hollande en 1631, connaît un vif succès avec ses *scènes de genre* expressives, illustrant la vie quotidienne ou villageoise. Il fait une forte impression sur Rubens. Peintre flamand d'origine, bien que fils d'une brodeuse de Harlem, il a cinq ans de plus que Téniers quand il débarque à Anvers, fort d'un puissant tempérament et de dons admirables d'observateur et de coloriste.

Dans ses premières œuvres rustiques, Téniers est si proche de la conception de cet élève du peintre hollandais Franz Hals, que plusieurs de ses travaux ont été considérés comme des œuvres de Brouwer. Malgré la dissemblance des caractères, les deux jeunes gens se lièrent d'amitié. Mais ce rapport à l'engagement plein de vie des personnages chez Brouwer, à la vivacité du mouvement dans les groupes, à la puissance de l'expression et à la mimique des personnages vigoureux est tel, que si rare et si merveilleux fût son talent, David Téniers eût trouvé sans doute un émule, un rival dans Adriaen Brouwer, si les excès et les débauches n'eussent tué à 32 ans le fils de la pauvre brodeuse de Harlem, remarque Louis Viardot, dans le guide et mémento de l'artiste et du voyage, (1860, 1ère édition du Louvre, musée de peinture).

L'influence de la peinture hollandaise est particulièrement nette à cette époque dans les intérieurs de Téniers, des « natures mortes » composées de mobilier et des ustensiles de ménage paysan. Ce sont les artistes de Rotterdam, Pieter de Bloot, Cornelis, et surtout Herman Safftleven qui suggèrent ces compositions. L'image conçue de manière allégorique comme dans le tableau de Karlsruhe, « Le dîner dans la grange » (Kunsthalle), montre la confrontation de petits groupes de figures et une grande nature morte (tonneau, objets divers, grande toile, chaudron, jarres, etc.) et à gauche, séparé par un chiaroscuro du groupe, des hommes, des femmes qui s'alimentent. Les objets du « Couple mal assorti », tels que les accessoires d'équitation, la cruche cassée, le pot en cuivre couvert de foin, la lanterne éteinte, contiennent des allusions à l'amour comme à l'idée de la fragilité de toute chose...

En plus du genre « rustique », Téniers peint aussi dans sa jeunesse, d'élégantes scènes de la vie bourgeoise à la manière de Frans Francken le Jeune. Comme le tableau des « Cinq sens », un de ses premiers dont on sent encore la main du père, du Musée Royal des Beaux-Arts de Bruxelles. On y loue une facture aisée, un ton spirituel, un sens très marqué de la composition, ce tableau appartient encore à la série des peintures bourgeoises par lesquelles débuta le peintre. Les épigones en sont nombreux (tel « L'Odorat et l'Ouïe », deux des « Cinq sens » sur bois : 17cm x 12,5 cm, datés du début des années 1640, collection privée (France) ou, « Le Fumeur ou L'Odorat », 0, 17m x 0,13m. du Musée de Dijon,

(1 exemplaire/284 de la collection complète d'une représentation complète de « l'Odorat ») ; ce petit panneau témoigne encore de l'influence de Brouwer et présente les qualités propres à Téniers d'éclairage et de délicatesse de touche et de coloris qui permettent de le dater des années 1640, en sont des exemples types.

Cette allégorie, présentée sous la forme de la vie quotidienne montre par ses personnages, les particularités des « Cinq sens » : le singe attaché à la chaîne, symbolise l'homme esclave de ses désirs que ses sens éveillent en lui, les bougies éteintes, le caractère éphémère de toute chose. Dans ce contexte, le tableau figurant au mur du « Paysage de grottes avec croix en bois » nous donne cet avertissement, qu'il faut se reprendre à temps et se détourner du monde des sens. Ce type de paysage en profondeur, construit comme un symbole, a été créé par Joachim Patenier [9], peintre paysagiste anversois du XVIème siècle qui subit l'influence de Bosch (« La Tentation de St. Antoine ») et que Pieter Brueghel l'Ancien utilise également, survit dans tout le XVIIème siècle.

---

9 **Patenier Joachim** : Peintre de paysages et de scènes religieuses, né à Bouvignes vers 1475 - 1480, mort à Anvers en 1524. Fondateur du genre propre du paysage de type « idéal » ou « classique » qui marqua Poussin et le Lorrain.

2 - « Les Tentations de St. Antoine » ou le Fantastique dans l'art :

David Téniers II, comme son père David I Téniers dit le Vieux, a exécuté maintes commandes d'églises, peint plusieurs rétables, toujours visibles dans les Flandres ; le Louvre même ne possède-t-il pas « La Déploration du Christ avec St. François d'Assise et Ste. Claire » reproduisant un Lotto de la Galerie de Léopold Guillaume, son bienfaiteur. Et « La Vierge, l'Enfant Jésus et Ste. Dorothée », copie d'après Van Dyck, copiant lui-même Titien, son peintre d'élection.

Parmi les thèmes religieux en marge et favoris des peintres, les « Tentations de St. Antoine » connurent une certaine vogue, mais leur contenu ne fut pas le même du XVIème siècle où elles figurèrent (chez Ribera pour l'Espagne, Mathieu Frédeau, peintre auteur d'une « Tentation de St. Antoine », aujourd'hui à l'église N.-D. de Marceille de Limoux, pour l'Âge d'Or de la Renaissance toulousaine), dans un esprit de méditative et austère inspiration, et leurs continuateurs contemporains ou du siècle suivant, comme les frères ou fils Téniers, chez qui le sujet fut plus une occasion de se livrer à toutes les fantaisies de leur imagination tel David le Jeune dans sa « Tentation » du Louvre, plus grande version de l'ermite reproduit plus bas, datée des années 1640-1650, gravée au XVIIIème siècle par Jacques-Philippe Le Bas, en 1735, et souvent copiée, un des sujets de prédilection de l'artiste. La scène représentée est l'une des plus populaires de la légende de St. Antoine, qui fut à plusieurs reprises tourmenté par le démon. La « Tentation » est axée sur le vin, l'ivresse étant considérée comme facilitant la luxure. Le sujet a été souvent traité par Téniers (Dresde, Berlin, Londres, Madrid, et Paris, Musée du Louvre).

Dans une grotte éclairée à droite par une ouverture, St. Antoine ermite est agenouillé les mains jointes devant une table de pierre supportant un crâne, un sablier, un livre de prières, un crucifix et un cruchon sur lequel est perché un oeuf-poulet. Un démon coiffé d'un chapeau orné d'une carotte pose sa main griffue sur le capuchon du saint et lui présente un verre de vin. Derrière l'ermite, une vieille sorcière cornue tient un papier et derrière elle sont trois animaux monstrueux. La caverne est remplie d'animaux étranges inspirés des squelettes des Cabinets d'Histoire naturelle et de chauve-souris, de crapauds ou de poissons de tailles variées flottant dans l'air. Un crâne décharné inspiré du fourmilier portant une chouette sur le dos occupe le premier plan à droite. Par terre, à gauche, sont trois livres et une sébile en bois.

Sa « Tentation » est pleine d'ingénieuses drôleries, où le fantastique et le burlesque dominent ; ses créations amusent plus qu'elles ne terrifient, elles sont pour le vertueux moine une distraction plus qu'un danger. « Mais où Téniers n'a-t-il pas laissé quelque bonne et réjouissante « Tentation de St. Antoine » ?... Madrid en a trois, et toutes trois plus importantes que la nôtre » a écrit Louis Viardot, dans son « guide et mémento de l'artiste et du voyage, 1860, 1ére édition du Louvre, musée de peinture ».

« Auprès de Brouwer, Téniers est gris, neutre, sourd, il est presque toujours modéré, ordonné, et peut parfois sembler banal. Il y aurait pourtant grande injustice à l'accabler par une comparaison. C'est un harmoniste du gris, un artiste expert à composer un tableau et c'est un fin réaliste, sachant donner un intérêt et un charme à la plus humble vérité. La « Tentation de St. Antoine a la même tranquillité », ajoute Gustave Geffroy (in « La peinture étrangère, Collection Les Musées de l'Europe »).

Située entre la peinture à vocation morale et chrétienne et la pure « vanité » qui est un genre reconnu comme la nature morte, que l'on retrouve toutes deux réunies à l'intérieur de ces peintures, les « Tentations de St. Antoine » d'après Téniers le Jeune sont caractéristiques de ce mélange des genres. La vie du saint est racontée dans « La Légende dorée ». Né en Égypte, il se révéla dans le désert où le diable le tenta à plusieurs reprises et sous différentes formes. Dans l'œuvre du musée, le monde diabolique est évoqué par les monstres (Ah les diables de Téniers ! qui empruntent les aspects les plus bizarres et les plus imprévus pour induire en tentation le saint anachorète) qui entourent St. Antoine.

La tentation est symbolisée par la jeune femme aux ongles griffus qui lui tend un calice sur un plateau. Penché sur l'autel, St. Antoine, vêtu d'une robe de bure médite sur un crucifix ou sur un livre de prière. C'est cette partie du tableau qui est composée à la manière d'une « vanité » avec le sablier et le crâne, elle illustre l'espoir de la rédemption grâce à la foi.

La « Tentation » de Tokyo, du Musée d'Art Occidental, est très différente. On n'est plus dans une grotte, mais à l'extérieur, au pied des ruines d'un monument antique avec un tas de personnages supplémentaires, une femme richement parée d'une robe blanche, est la Tentation incarnée, distrayant jusqu'au regard du saint ! Une autre version est décrite par Sjoberg, graveur du XVIIIème siècle, dans l'« Inventaire du fonds français » : Agenouillé en prière devant un cube de pierre, St. Antoine assailli de monstres variés, tourne la tête à droite, pour considérer la tentation la plus insidieuse, une courtisane richement vêtue s'avance vers lui une coupe à la main. Ses pieds sont des serres d'oiseau. Un démon aux jambes de coq tient la traîne de sa robe. Par la porte de l'Ermitage sis dans un paysage de gros rochers, trois autres démons...

En marge, il est précisé que l'œuvre est gravée d'après un tableau peint par Téniers le Jeune, à l'Hôtel de Matignon, appartenant à M. le Duc de Valentinois. En bas : à Paris chez Jaques Philippe Le Bas, Graveur du Cabinet du Roy, au bas de la rue de la Harpe.

Dans ses nombreuses représentations de ce thème, toutes incluent une abondance de créatures et d'apparitions infernales. David II le Jeune s'inscrit dans les pas imprimés un siècle plus tôt par Jérôme Bosch et plus tard par Pierre Brueghel l'Ancien et son fils Jean Brueghel dit de Velours. La présente iconographie est reprise de nombreuses fois à travers l'œuvre de l'artiste : St. Antoine en habit bleu penché sur une table de pierre, livre en main, la sorcière-tentatrice cornue derrière lui, dans un déploiement environnant de créatures étonnantes et improbables, telle que l'épouvantable chien écorché aboyant après le saint au premier plan.

Téniers le Jeune dépeint souvent la coupe de la tentation dans la main du diable, déguisé en jolie femme aux mains griffues, que la sorcière désigne ici, obligeant le saint à goûter le vin en toute hâte ; néanmoins la sorcière est ici le diable. L'artiste choisit le moment où le saint est surpris par derrière, réveillé de sa lecture plutôt que dans la tentation elle-même (comme dans la version bien connue de Dresde). Ici, cependant, les mains du saint sont agrippées à son livre de prière et il observe quand même la coupe, prisonnier d'un épouvantable dilemme. « Les tracasseries des démons, écrit un autre critique A.P. de Minimondi (« La Musique dans les arts plastiques », XVII et XVIIIème siècles), ont valu à St. Antoine une célébrité exceptionnelle. La « Légende dorée » les a relatées dans les trois premiers paragraphes de la biographie de ce saint ermite. Au début du XVIème siècle, ce sujet a connu une extrême faveur, les diables y apparaissent souvent comme d'étranges et intouchables musiciens.

Au XVIIème siècle, en Flandre, grâce à Téniers le Jeune, à Ryckaert et à quelques petits Maîtres, les « Tentations » de l'anachorète sont décrites dans de nombreux tableaux, plus amusants que terrifiants. Il existe des variantes de ce thème quelque peu stéréotypé, dans les personnages surtout :

Pour « La Tentation de St. Antoine » de Londres ci-dessous : *Téniers le Jeune a souvent peint le thème de la « Tentation de St. Antoine », mais deux fois seulement en liaison avec les « Sept péchés capitaux », comme dans ce tableau, exécuté vers 1640, l'autre peinture au Prado, Madrid, appartient à la dernière période de la vie de l'artiste (1670).*

On ne connaît que peu de tableaux qui combinent ces deux thèmes. Les péchés capitaux respectifs sont représentés par le groupe de personnes devant St. Antoine : le couple élégant avec les plumes de paon symbolise « Superba » (l'Orgueil), l'autre couple devant le saint, « Luxuria » (la Luxure), à l'avant-plan à gauche, la femme qui mord dans une pomme et une autre sur un lion qui bondit au-dessus de la première, «Invidia » (l'Envie) et « Ira » (la Colère). Devant elles, « Avaritia » (l'Avarice) en train de boire, arrive à califourchon sur un cochon (en fait, c'est un manant rubicond avec verre et cruchon de vin), tandis que « Desidia » (la paresse) dort sur un âne. Les péchés sont représentés de la même manière que sous la 5ème maxime de la morale classique « Fuir le vice, c'est chercher la vertu », St. Antoine est ici le symbole de l'homme qui résiste au vice.

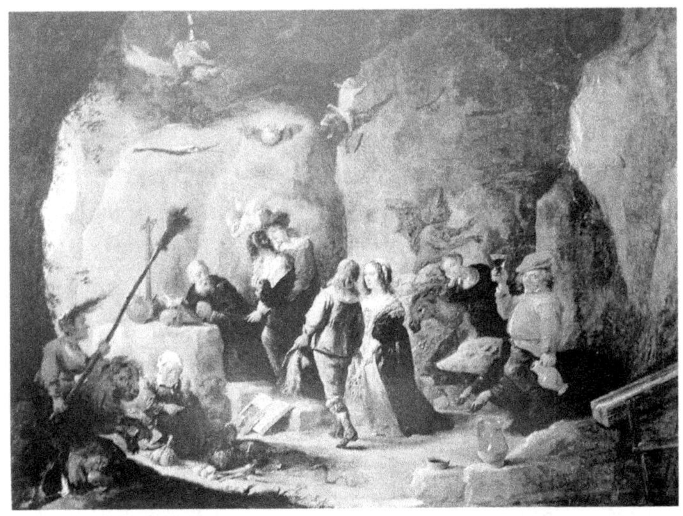

« La Tentation de St. Antoine » (Londres), 1640

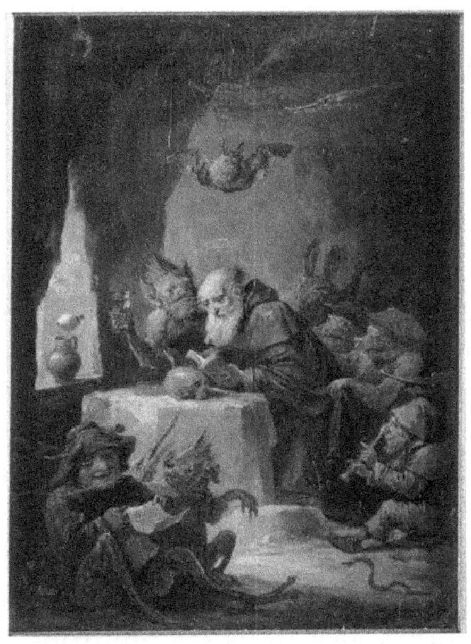

« La Tentation de St. Antoine » (Louvre).

« La Tentation de St. Antoine », *petit format, Tentation centrée sur l'ivresse (à dater des années 1640-1650) H : 22cm x L : 16cm. Signé en bas à droite : « D.Tén. F. ». Musée du Louvre. Agenouillé dans une grotte éclairée par une ouverture cintrée comportant un cruchon et un œuf-poulet (thème récurrent), St. Antoine tient un livre de prière et prie devant une pierre recouverte d'un drap sur lequel est posée une tête de mort. L'ermite est entouré d'un côté d'un diable qui lui présente une coupe de vin et de l'autre par trois hures de crapaud, porcine et une tête improbable, et d'un nain assis soufflant du nez dans un cornet. Au premier plan, un bouffon assis au chapeau percé d'une carotte, flanqué d'un diablotin, tient un billet. Des animalcules, rampant et volant, hantent l'espace.*

3 - Un changement intervient dans sa production vers la fin des années 30 :

S'il semble avoir tenu jusqu'ici en priorité à une conception allégorique et symbolique de l'image, il s'intéresse plus intensivement désormais - sans négliger le contenu de l'image - à une pénétration réaliste des thèmes. Téniers le Jeune remplace les personnages quelque peu caricaturés par des hommes de caractère, et il parvient à une vision plus naturelle des *scènes de genre*. L'exécution de nombreux dessins et d'études de figures et de paysages, faits au cours de ses randonnées dans les environs d'Anvers, sont typiques de cette époque. Simultanément la couleur devient transparente, claire, et un trait plus plaisant caractérise le tableau.

Il abandonne les scènes bourgeoises et se met à peindre des intérieurs de cabarets et des réunions de paysans (« scène d'auberge », 1636), à la manière de Brouwer. Les œuvres de 1632 à 1640, sont presque entièrement consacrées à des scènes d'intérieurs de cabarets. Désormais célèbre dans sa ville, il vend ses toiles facilement « il excellait dans un art non moins difficile, celui d'animer ses paysages par des effets de clair-obscur singuliers et piquants ».

Le 22 juillet 1637, l'artiste épouse Anna Brueghel (David a 27 ans, Anna 17), la fille de Jean Brueghel dit de Velours, peintre et dessinateur flamand, second fils de Pierre Brueghel l'Ancien, ami et collaborateur de Pierre Paul Rubens, qui fut leur témoin à leur mariage. Ils auront cinq enfants : deux garçons et trois filles. Elle lui apporte aisance et prestige (elle apporte en dot une maison située dans la Longue-Rue-Neuve et une rente de 7000 gulden, et, surtout l'intimité accrue de P. P. Rubens), contribuant au fait que Téniers s'intéresse aussi à l'œuvre de son beau-père, bien qu'elles différent beaucoup.

En tant que figures, Téniers le Jeune en place toujours quelques-unes en vedette à l'avant-plan, même quand il représente un grand nombre de personnes (Diderot écrit : « Téniers exécute une composition à 30 ou 40 personnages comme le Guide, Le Corrège ou le Titien font une Vénus toute nue... »). Le paysage se déploye – ce qui correspond au paysage hollandais de l'époque – plutôt par secteurs, en fonds de paysage.

C'est l'harmonie du coloris qui lui confère son unité, tandis que dans les premiers paysages, chaque plan était accentué par la succession des zones de couleurs brune, verte et bleue. Si Téniers a donné dans les premiers temps plus de scènes d'intérieurs, il donne dorénavant, dans son œuvre, une place de plus en plus grande au paysage, « qu'il anime par des effets de clair-obscur singuliers et piquants. »

Vers 1640 seulement et conditionné par ses attaches familiales, Téniers est revenu épisodiquement à des œuvres de Jean Breughel, dit de Velours, dont il a repris et transformé divers motifs dans ses tableaux, tels ses tableaux de kermesse.

4 - Période 1640-1660, le sommet de sa carrière :

David Téniers II le Jeune est, avec Adriaen Brouwer, le plus grand « peintre de genre » flamand du XVIIème siècle, à partir des années 1640 et surtout dans la seconde moitié du siècle, où il détermine par la variété de son œuvre, la peinture flamande « de genre » et de paysage. Il prend comme point de départ une interprétation baroque et dramatique chez Brouwer, atteignant à une conception tranquille, harmonieuse et plaisante des thèmes rustiques (paysans), qui se répercutera jusqu'au XVIIIème siècle.

Il traite avec une grande liberté de touche des scènes de cabaret, affirme son talent en représentant des sujets populaires : scènes de kermesse, paysages où figurent des paysans empreints de bonhomie qui plurent à ses clients aristocrates par leur côté pittoresque et anecdotique.

Il avait le souci du détail, aimait les harmonies subtiles de valeurs claires, parfois argentées aux tons assourdis. Devenu peintre de l'Archiduc Léopold-Guillaume, gouverneur des Pays-Bas espagnols et le conservateur de ses collections d'art, il peignit une série dite de « Cabinet d'amateur », représentant la galerie de peinture de l'archiduc.

À une époque où les peintres flamands du XVème siècle ne sont pas appréciés, David II fait acheter à l'archiduc des tableaux de Van Eyck, Hugo Van der Goes, de Jérôme Bosch et de Pieter Brueghel ! Cette influence est encore visible dans les premières œuvres de Watteau.

L'œuvre de Téniers embrasse tous les thèmes de « la peinture de genre » : scènes rustiques, bourgeoises, scènes galantes où figurent des soldats, en leur donnant souvent une signification allégorique («Le Reniement de St. Pierre », 1646), tableau peint dans les dix années de la grande force de Téniers le Jeune, ainsi que des portraits, des intérieurs de galeries et des motifs religieux. Il a assimilé, plus que nul autre peintre de genre, les différents courants de la peinture des Pays-Bas du nord au sud, et les a exprimés sous une forme qui lui est propre.

À signaler l'influence exercée sur lui par quelques italiens importants dont Téniers copie les œuvres et d'autres peintres tels que Jean Bruegel de Velours.

Les rapports avec son beau-père sont difficiles à saisir : il semble que conscient du maniérisme du format petit et précieux, il adopte une attitude de refus vis à vis des paysages panoramiques, dans une perspective en ligne de fuite, animés d'une foule de petits personnages. Il se rallie plutôt à la présence des personnages de Peter Bruegel l'Ancien.

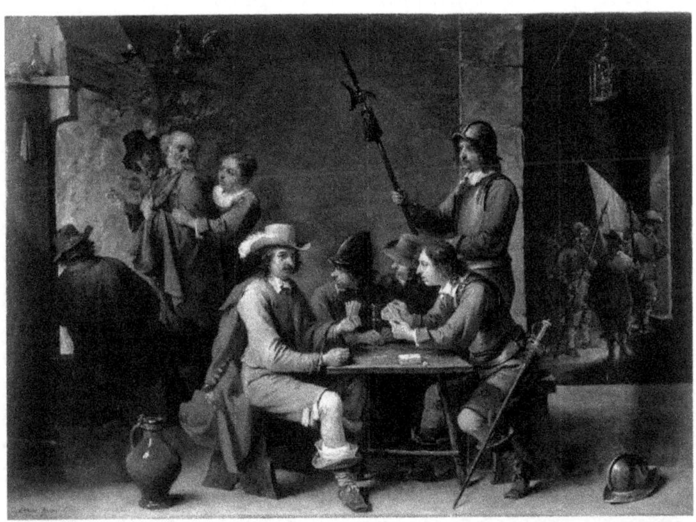

Le Reniement de St. Pierre, dans un corps de garde avec des soldats jouant aux cartes », (0,37m x 0,515m), 1646.

: Au fond de la salle, debout, face à l'âtre, l'apôtre reconnu par une femme (la servante de Caïphe ?) ; au-dessus du linteau le coq mentionné dans les Évangiles (Luc). Au milieu, autour d'une table, quatre figures d'hommes qui jouent aux cartes. Au premier plan, un officier vêtu d'une veste et d'une culotte soyeuse lilas et d'un manteau rouge : il a la tête couverte d'un

chapeau gris rabattu, garni d'un panache blanc. En face de lui un jeune soldat, nu-tête (son casque est à terre), de profil, portant cuirasse et une longue épée. Les deux autres figures ont beaucoup d'expression : ils regardent en coin St. Pierre. Debout derrière eux, un soldat cuirassé portant casque et hallebarde, regarde les joueurs. En plan éloigné, quatre soldats se disposent à sortir. Le tableau provient de la collection de Louis XVI, acquis par Paillet pour le roi.

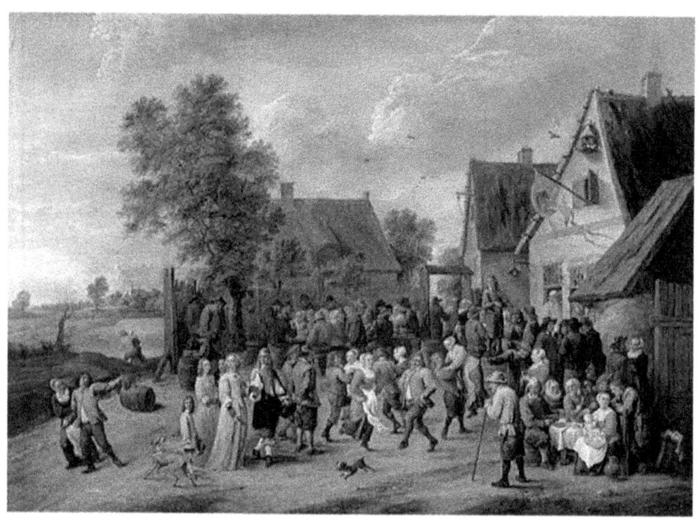

« La Fête au village avec couple aristocratique », (1652) moyen format.

: C'est la fête, des paysans mangent et boivent dans une cour d'auberge fermée au fond par une cloison de planches. Au premier plan, à droite, assis devant une table, deux hommes et une femme qui donne le sein à son enfant. Derrière eux, un groupe de quatre hommes

debout, et plus loin, entouré de paysans, un ménétrier sur un tonneau. Au milieu, quatre couples dansant les mains sur les hanches. Vers la gauche, un seigneur et une dame, accompagnés de deux suivantes et d'un page qui tient un chien en laisse, s'avancent vers la fête. Tout à fait à gauche, un ivrogne, entraîné par sa femme, s'éloigne en criant. Au second plan, derrière les couples de danseurs, une longue table entourée de nombreux convives. Dans le fond, à gauche, des arbres, un village annoncé par une église. Ses scènes de genre *décrivant la vie dans les villages correspondent bien au goût du jour. C'est une variante particulièrement réussie de l'un des thèmes favoris du peintre. Elle lui a permis de donner libre cours à son amour de la narration, les festivités colorées sur une place et une auberge de village sont une démonstration du don de Téniers pour l'observation précise. Il a peint de manière vivante et parfaite les groupes et les personnages et les hommes en train de boire le long de la grande table à l'arrière-plan, la jeune femme qui ramène son mari braillard à la maison. Au 18ème siècle, on a supposé que le couple distingué était composé du peintre et de sa femme, mais cela ne reste qu'une simple hypothèse.*

Peintre d'un réalisme intense et puissant, il a excellé dans la représentation de scènes populaires flamandes, traitées avec un grand sens de l'observation et une étonnante habileté technique. De la même façon, dans La Fête au village, *nous sommes loin de l'emportement de* La Kermesse *de Rubens s'inspirant des bacchanales latines, voire des débordements bachiques de Jordaens. Dans toutes ses toiles, il y a un sens exact de la silhouette et la présence de l'air et de la lumière, souvent en une très belle harmonie. Signé : David Téniers Fecit. An 1652.*

Sa première version d'une noce villageoise de 1637 (Musée du Prado), ne montre que peu de grandes figures à l'avant-plan, il a tendance, à partir de 1640, à représenter des scènes villageoises animées de nombreuses petites figures, en partie même des tableaux de petits formats. L'influence de Jean Brueghel s'exerce aussi dans le coloris clair et accentué par rapport à la monochromie des années 30, bien que par ses nuances pastel et la cohérence des teintes, Téniers se distancie de la structure de la couleur rigoureusement agencée du peintre flamand.

C'est dans celle-ci et dans l'interprétation du contenu de ses thèmes qu'il suit la tradition de Pierre Brueghel l'Ancien. Par son style personnel et son activité créatrice, il contribue au plein épanouissement de la peinture de genre *flamand du XVIIème siècle et se révèle un membre important de la dynastie Brueghel.*

C'est l'un des sujets favoris de Téniers présents à Bruxelles, Dresde, Amsterdam, N.-Y., Karlsruhe, St.-Pétersbourg, la collection de la Reine d'Angleterre, Madrid, etc. Il existe une autre version plus grande avec maintes variantes et le même couple distingué, datée également de 1652 au Musée de Bruxelles : Par un étroit orifice mural de l'auberge à droite, passe le visage d'un curieux qui observe la liesse populaire. Clin d'œil amusé du peintre qui revient dans plusieurs toiles !

Cabinet historique de peintures et de sculptures françaises de M. Lalive : 1 tableau de David Téniers II sur toile de 2 pieds, 5 pouces x 3 pieds, 8 pouces et demi de large, représentant une *kermès* ou fête flamande. Il faisait un des principaux ornements du fameux Cabinet de Mme Verrue. « Ce tableau est de la plus agréable composition et du meilleur temps de ce peintre ; la couleur en est transparente et argentine dans la quantité de figures qui sont représentées. Il y a des têtes dignes de Van Dyck (un autre élève de Rubens) pour la touche, la finesse et l'expression. Téniers s'y est peint avec toute sa famille, à Paris 1764 » (description d'après gravure).

« Mais, ce n'est pas uniquement, nous dit M. Henry Roujon, l'auteur de « Les Peintres illustres », comme agrément de ses fêtes de village que David Téniers le Jeune a reproduit des scènes de nature. Il abandonne parfois ses bonshommes réjouis et bruyants pour se livrer exclusivement à l'étude des arbres, des champs, des ruisseaux.

Ce sont bien des paysages, dans le sens précis, et des paysages de qualité » : *Coin de village à la fin du jour, Repas champêtre,* la *Cabane du berger, Devant la taverne, Le jeu de hocquet* (Louvre), *L'Été* et son pendant, *L'Hiver* (Louvre), *Cabaret près d'une rivière avec pêcheurs au filet* (Louvre), *Chasse au héron* (Louvre). Il s'est aussi souvent représenté, entouré de sa famille dans des portraits en famille en plein air, qui annoncent le XVIIIème siècle, *Paysage, environs d'Anvers* (Louvre), *Le peintre et sa famille,* sur la terrasse de sa ferme-château de Dry-Toren, avec en arrière-plan le village de Perck et son église, (Musée de Bruxelles) ; cf. couverture.

Vers 1653, sa réputation était à son apogée, elle avait franchi les limites des Flandres et gagné l'Europe entière (Philippe IV, protecteur de Vélasquez, raffolait de ses peintures). Á la soixantaine, « il ne quitte pas les pinceaux du matin au soir ». « La main est toujours aussi sûre, la vision aussi nette, le dessin aussi ferme », écrit H. Roujon.

Le roi d'Espagne ayant conditionné sa demande d'anoblissement à la cessation de son commerce de tableaux et du métier de peindre, il reprend sa vente de tableaux qui lui rapportait des bénéfices considérables. Il faisait aussi commerce des tableaux des autres peintres (flamands, hollandais et italiens). Et des siens, entraînant les procés des peintres bruxellois, de la corporation des peintres aussi, le règlement interdisant la vente de ses œuvres avant décés.

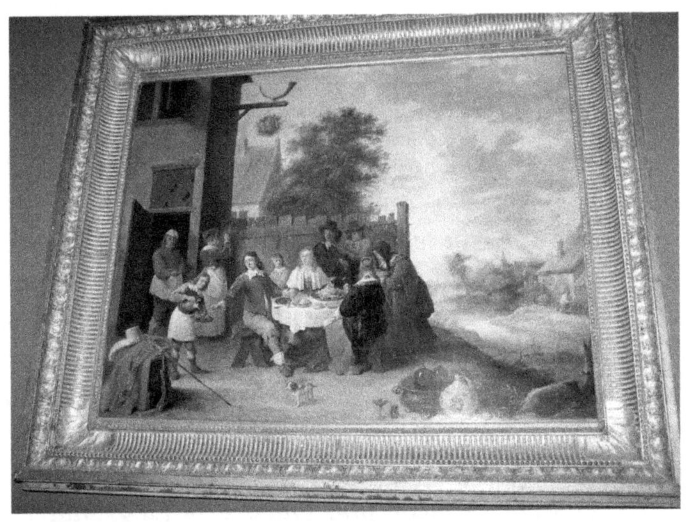

« Le Festin de l'enfant prodigue » (1644), (moyen format).

: *Au premier plan d'une cour d'hôtellerie, une grande table est dressée avec nappe garnie en mets (un poulet) et plats, avec deux courtisanes attablées, un jeune gentilhomme flamand festoie et se fait servir à boire en bout de table par des jeunes serviteurs, en présence d'une mendiante et de deux musiciens et d'une aubergiste qui tient les comptes sur une ardoise murale. Au fond de la cour à droite dans les communs, en contrepoint,* Le fils prodigue *est agenouillé près de la porcherie, illustrant la parabole tirée de l'Évangile de St-Luc. Du ciel tombe un rai de lumière, allusion à la lumière divine qui illumine le repenti.*

Téniers le Jeune se serait représenté dans la personne du gentilhomme avec sa famille et ses domestiques (10 figures). Jean-Philippe Le Bas l'a gravé au siècle suivant, en 1747, contribuant à le rendre célèbre.

Il existe au moins 6 versions connues de cette œuvre de Téniers, sur ce thème cher à l'artiste, à dater des années 1640. L'une d'entre elles, acquise en 1642, entrera dans la collection de Louis XV. Le peintre s'est représenté avec toute sa famille « montrant bien dans son exquise perfection son art profond sans apparence d'art, sa touche à la fois si fine et si forte, si simple et si habile, et toujours tellement reconnaissable, jusqu'aux plus infimes accessoires ». Un chroniqueur, Gustave Geffroy, in Le Louvre, la peinture étrangère, *collection Les Musées de l'Europe, au siècle dernier, a brossé la scène de façon plus enlevée : « La grande vie menée par l'Enfant prodigue est infiniment touchante. Le jeune cavalier flamand dîne avec deux femmes à la porte d'une auberge. Il y a tout bonnement un poulet rôti sur la table, une mendiante s'approche, deux musiciens jouent du violon et de la flûte et l'hôtesse se hâte d'écrire l'addition sur une ardoise qu'elle appuie sur une palissade ».*

Tous les écrits des XVIIème et XVIIIème siècles traduisent l'admiration soulevée par l'œuvre et la conception artistique des tableaux de David Téniers le Jeune, et même d'autres tels que Descamps, Diderot, Goethe et Schlegel, qui désapprouvent les thèmes du *genre rustique*.

La haute estime dans laquelle était tenue la peinture de Téniers le Jeune, au XVIIIème siècle, incite à collectionner intensivement ses œuvres qui ne manquèrent dans aucune des grandes collections de la noblesse en Espagne. De splendides gravures exécutées par de nombreux graveurs français et anglais, assurent à ses compositions une grande diffusion. (Téniers le Jeune faisait déjà copier beaucoup de ses tableaux par ses élèves).

« Téniers le Jeune finit par abandonner tout à fait les grands sujets. Il s'était lassé de voir des saints en extase, des saintes en pénitence. N'était-il pas temps de représenter la créature humaine sous une autre face, dans un caractère plus gai ?... le tableau de la vie telle qu'elle est, ne doit pas être indigne de l'Art ! », écrit Arsène Houssaye.

Lorsque après 1640, dans la peinture hollandaise en général, la tonalité monochrome est remplacée par un coloris plus varié et les couleurs locales suscitent à nouveau un intérêt plus vif, cette conception se manifeste également dans des tableaux de Téniers, conformément à cette évolution. Vers le milieu des années 40, Téniers découvre les nuances pastel aux tons raffinés, qu'il utilise aussi magistralement que les tons bruns et verts de la jeunesse.

Les pénétrations de la couleur par la lumière, la détermination de sa nuance par des valeurs sont désormais caractéristiques et font naître des coloris clair et transparent. Ses tableaux de paysages saisissent l'atmosphère de toutes les heures du jour, les effets de lumière dans les nuages, l'ambiance de la nature. Malgré sa vision naturelle des choses, Téniers ne veut pas donner une représentation réaliste de la vie campagnarde flamande. Il réunit dans son tableau des motifs puisés dans la littérature pastorale.

La redécouverte de la poésie bucolique d'Horace et Virgile, au XVIème siècle, aura une grande répercussion sur la littérature néerlandaise. Elle est d'une grande importance dans la peinture de paysage particulièrement au XVIIème siècle, dans les Flandres, elle influencera surtout David Téniers II le Jeune dans sa vision de la campagne.

Lorsque Léopold-Guillaume, Prince éclairé et gouverneur des Pays-Bas du sud en 1646 vient s'établir à Bruxelles en 1647, Téniers le Jeune reçoit sa première commande pour la Cour. Le peintre est à cette époque à l'apogée de son art. Il est, depuis 1644, doyen de la gilde de St. Luc à Anvers. Simultanément, il vient s'installer à Bruxelles, rue des Juifs, près du Palais.

En qualité d'« Ayuda de camara » (chambellan) de Léopold-Guillaume, Téniers le Jeune, assume surtout la charge de directeur de la galerie de tableaux, et il s'occupe de l'importante collection du gouverneur, et pour l'élargir il séjourne à Londres pour acheter des tableaux de maîtres italiens de la collection de Charles 1er à Whitehall (dont *Les Trois philosophes* de Giorgione).

L'importance que Léopold Guillaume attachait à ses tableaux italiens, se traduit dans la mission qu'il confie à Téniers de publier sous forme de gravures, les tableaux de la collection. Le peintre exécute à l'huile et dans un petit format, des copies des plus importants maîtres italiens qui serviront de modèle aux graveurs [10]. Ses copies sont si parfaitement exactes que plusieurs d'entre elles ont été prises pour des réductions faites de la main de l'auteur du tableau. Les « pastiches » terminés en octobre 1656, quatre mois après le départ de Léopold Guillaume, en 1658 paraît la première édition de ce célèbre ouvrage, *Le Théatrum Pictorum,* sous la direction d'Abraham Téniers, troisième

10 Déjà David II s'était mis à l'école des peintres caravagesques tel Carlo Saracini (1579 - 1620) dont il avait brillamment copié « *Judith et la tête de Holopherne* » dans lequel la belle héroïne tranche la tête du général ennemi, la cache dans un sac pour la rapporter aux siens. Le trophée porté par Judith a une coloration romantique, et la tête arbore un rictus moins animal, ses yeux ne sont pas écarquillés. Le tableau eut du succès à en juger par les seize copies qu'elle a inspirées dont celle célèbre de David Téniers II Le Jeune.

frère de David Téniers dit le Jeune qui va devenir peintre de la Cour sous le nouveau gouverneur Don Juan d'Autriche, de 1656 à 1659. Les planches gravées d'après les tableaux étaient au nombre de 246. Elles furent réunies en un volume *in-folio*, en deux versions (en espagnol et en français) adressées « Aux admirateurs de l'art » et intitulées *Le théâtre des peintres*. Léopold lui avait commandé, en outre, *La Chasse au héron* (Musé du Louvre). C'est l'époque où il peint aussi l'*Entrée de l'archiduchesse Ysabelle à Bruxelles* et de l'*Arrivée, la nuit, de l'Infante Isabelle à Vilvorde*, à ranger dans la série de ses tableaux historiques.

Anna Brueghel meurt à 36 ans, peu après le départ de l'Archiduc, à la suite de couches difficiles en 1656. David III, l'aîné des enfants de David Téniers le Jeune, atteint ses dix-huit ans au moment où sa mère, épuisée, s'éteint.

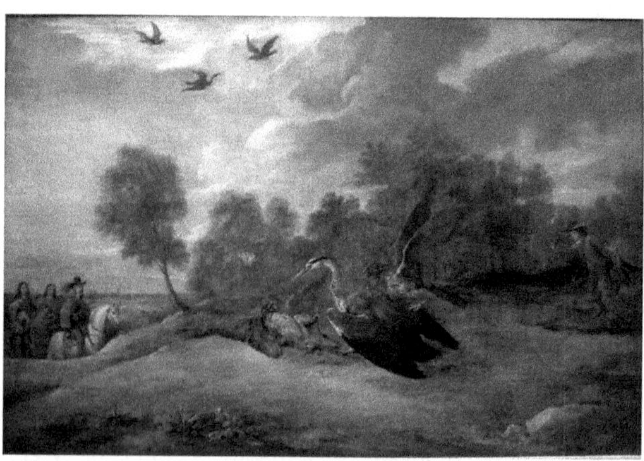

« Chasse au héron avec l'Archiduc Léopold Guillaume », Musée du Louvre.

: Combat de faucons et d'un héron qui se débattent au premier plan. Allégorie politique : En arrière-plan, L'archiduc Léopold Guillaume, gouverneur des Pays-Bas du Sud pour le roi d'Espagne en 1656, avec un groupe de cavaliers, observent le combat, derrière un repli de terrain. Au fond, derrière les cavaliers, un paysage, Bruxelles, sa capitale. « Ici, le combat est favorable au héron flamand assailli par les faucons français, au sud, et hollandais au Nord, en passe de s'en tirer provisoirement. Presque tous les paysages ont un charme malgré qu'ils soient très sobres, très froids avec leurs eaux et leurs ciels d'étain, leurs verdures immobiles... Les tons dorés du feuillage de l'automne sont rendus à la perfection qui rappelle les meilleurs paysages de Ruysdaël ».

5 « Pour loger tous mes tableaux, disait-il, il faudrait une galerie de deux lieues de long » :

Une profusion d'œuvres remarquables date du début de la période bruxelloise : parmi celles-ci se trouvent principalement des paysages et des scènes de kermesse. Téniers semble avoir également recommencé à dessiner d'après nature. Cette ambiance pastorale s'exprime au cours des années 1660 dans des paysages bucoliques idylliques. La vie paisible à la campagne dont rêve l'humanité depuis l'Antiquité, demeure son sujet préféré. Il s'en satisfait ainsi que l'harmonie avec son travail et la nature, le pâtre et son flûtiau, le pêcheur au filet en rivière. La représentation des fêtes, signe de réunion joyeuse, occasion de banquets et de danse surpassant les débordements et les excès, l'élément satirique et ironique. Téniers choisissant la vision positive et bucolique.

À côté, on trouve dans l'œuvre du peintre des groupes d'œuvres tels que des alchimistes, des ermites (*La Tentation de St. Antoine*), des paysages montagneux, des noces villageoises qui se placent dans une tradition portant l'empreinte du vieux Pierre Brueghel, tradition que poursuit sans s'en inspirer directement David Téniers II. Élève d'Adriaen Brouwer qui contribua à sa formation, ce dernier déjà fort habile, n'est pas encore connu et il est obligé d'aller lui-même à Bruxelles pour vendre ses ouvrages. Il était réservé à l'archiduc Léopold de Habsbourg d'apprécier leur mérite. Il en fixa le prix qui lui parut trop médiocre, et, voulant s'attacher particulièrement cet habile artiste, il lui donna une place auprès de lui et le combla de bienfaits.

L'archiduc répandit ses œuvres dans différentes cours d'Europe. Le roi d'Espagne les vit, et en posséda une grande quantité, des plus beaux. Depuis ce temps, il aurait voulu les posséder tous. Il fit bâtir une galerie qui ne fut formée que des tableaux de ce peintre. Christine, reine de Suède, en obtint quelques-uns ; de passage dans la ville, elle joignit à un médaillon contenant son portrait une chaîne d'or au prix considérable. Retiré dans le village de Perck, entre Anvers et Malines, c'est dans cette solitude que Téniers II composa la plus grande partie de ses œuvres (plusieurs tableaux de Téniers le Jeune représentent le clocher de l'église de Perck). Il pouvait à peine suffire à toutes les demandes, quoique doué de la plus grande facilité et très laborieux. On connaît les *Après-Midi* de Téniers, ce sont de petits tableaux ornés de peu de figures qu'il faisait ordinairement l'après-midi, pour se délasser des grandes compositions auxquelles il travaillait, sauf le matin.

Sa maison, appelée *Le Château des Trois Tours* à Perck, était le rendez-vous de tous les gentilshommes du pays. Devenu célèbre et riche, les étrangers, les artistes, les amateurs d'art venaient en foule rendre hommage à ses talents. Don Juan d'Autriche, qui avait succédé à l'Archiduc comme gouverneur des Pays-Bas, voulut être son élève, il fut aussi son ami et souvent il logea chez ce peintre, dont il fit le portrait de son fils.

L'étude des grands maîtres de Flandre, et ceux de l'Italie, dont les productions se trouvent répandues dans sa patrie, conduisit Téniers aux compositions dans leur genre. Ses tableaux que l'on nomme « pastiches », sont répandus dans les plus beaux cabinets de l'Europe. Téniers n'a jamais peint que des sujets villageois. S'il était sans cesse au milieu des paysans, c'est pour observer les caractères de leurs passions, leurs mœurs, mais son goût et son inclination le ramenaient toujours dans la bonne société, et chez les grands dont il fut aimé et considéré jusqu'à la fin de ses jours. On connaît de Téniers le Jeune plusieurs compositions historiques et des tableaux de genre. Le plus beau et le plus capital qu'il ait fait, est celui où toutes les confréries et corps de métiers de la ville d'Anvers sont représentés en habit de cérémonie sur la grande place de la ville, *La Fête des Arquebusiers d'Anvers*. L'artiste a su grouper sans désordre, une foule compacte d'une soixantaine de personnes, qui sont toutes des portraits. Cette composition, que Descamps nomme avec toute justice « le plus beau tableau de Téniers », enlevée du Musée de Cassel par les Français (troupes armées) sous le 1er empire, entra dans la collection de la Malmaison, et fut vendue en 1814, par l'Impératrice Joséphine (ô regrets) à l'Empereur de Russie, Alexandre...

David le Jeune, qui savait si bien fixer le caractère des paysans ne pouvait qu'être un excellent portraitiste. La cour de Don Juan d'Autriche, fut tôt le rendez-vous des grands personnages. Le peintre devint le familier du prince de Galles (le futur Charles II) et de ses deux frères (les ducs d'York et de Gloucester) réfugiés en Flandre après la révolution anglaise. Il connut aussi le prince de Condé dont il fit le portrait (aujourd'hui au Musée de Chantilly). Cependant, « ce peintre grand seigneur n'étudiait pas toujours en carosse, il lui arrive même de servir à boire à ses modèles, n'imitant pas tout à fait son ami Brouwer, qui dansait avec eux », écrit Arsène Houssaye.

Voltaire croit à l'antipathie de Louis XIV pour Téniers et aussi à l'égard de Jean de La Fontaine. Il ne goûtait pas assez le genre dans lequel ce conteur charmant excellait, pas plus que *les tableaux de genre* (kermesses, intérieurs de tavernes) de Téniers le Jeune. Il n'aimait pas le petit, il ne voulait pas voir les tableaux de Téniers II, ni les fables de La Fontaine.

David Téniers le Jeune, est l'un de ces génies rares dont se glorifie la peinture. « Doué d'un talent extraordinaire, il a su imiter tous les genres et les différents maîtres : tel nombre que l'on dit de ses productions, que jamais elles n'ennuient. » Quant aux diverses manières qu'il a exercées, à ses imitateurs et copistes qui sont légion, ses chroniqueurs, connaisseurs et collectionneurs le soulignent et mettent en garde. Sa première manière, que l'on appelle « faire l'Italie », tient à celle de Brouwer, mais las bientôt de n'être qu'un imitateur servile, il s'en défit, revint à plus d'objectivité, choisit plus noblement ses sujets et se créa cette belle manière que l'on admire dans *L'Enfant prodigue* et *Les Œuvres de miséricorde*. Le prix des tableaux de David Téniers le Jeune, varie à l'infini ; il y en a qui se vendent jusqu'à 1000 louis.

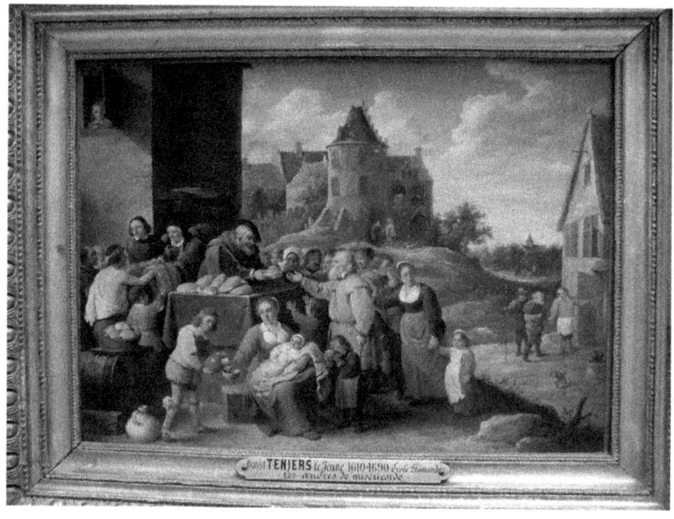

« Les 7 oeuvres de Miséricorde » (grand format) :

Cet arrêt du grand roi Louis XIV, en voyant des tableaux de Téniers le Jeune dans les galeries à Versailles, était un anathème qui peut à lui seul expliquer comment David Téniers le Jeune, fut longtemps exclu du Louvre. Ses œuvres n'y sont entrées qu'à partir du règne de Louis XVI. Ce choix est de plus « incomplet », souligne l'auteur de cette analyse, Louis Viardot, dans la *Revue des Musées de France*, première édition de 1855, parue en 1860, « parce que nous n'avons pas à Paris, le moindre échantillon de David Téniers le père ! ». « On dit que le roi, ajoute-t-il, n'aimait pas les tableaux de Téniers le Jeune. C'était surtout les kermesses qui lui déplaisaient. Il pensait qu'il les peignait pendant « les après-dînées », entre son repas et son sommeil... »

: *Téniers le Jeune, a voulu illustrer ici* Les 7 œuvres de miséricorde, *tirées de l'Évangile de St-Mathieu, comme la marche nécessaire à suivre pour gagner le ciel : « Rassasier ceux qui ont faim, désaltérer ceux qui ont soif, donner l'hospitalité aux voyageurs, vêtir les nus, soigner les malades, délivrer les captifs et ensevelir les morts ». Son père avait traité les 7 œuvres en 7 panneaux différents. David II, a voulu réunir sur une même toile* Les 7 œuvres de miséricorde, *et, en habile artiste, il a fait dominer une action capitale sur toutes les autres, « Rassasier ceux qui ont faim », qu'il a traité d'une manière plus ou moins étendue, en quelque sorte comme des épisodes : Au premier plan, un vieillard respectable placé devant une table couverte de pains (c'est le portrait de son père) et qui les distribue à un grand nombre d'indigents qui font la queue. Sur le devant, un garçonnet bien vêtu (peut-être le petit-fils de Téniers le « Vieux »), verse du vin à une femme assise, mère de deux enfants, l'aîné boit dans un vase et le plus jeune, encore à la mamelle, est sur les genoux de sa mère. Derrière, une dame âgée aidée d'un domestique, donnent des vêtements à des mendiants à demi-nus. À côté d'eux, un petit garçon tend la main pour avoir du pain. À main droite, en recul, un villageois offre l'hospitalité à deux pèlerins. Les trois autres œuvres de miséricorde s'accomplissent dans le fond du tableau : Dans le fond, on voit une petite maison avec deux fenêtres ouvertes, qui laissent voir plusieurs personnes donner des soins à un malade alité. Auprès, une tour qui sert de prison, d'où sort un homme qui témoigne sa reconnaissance à son libérateur. Au fond à droite, on aperçoit plusieurs personnes rangées autour d'une fosse dans laquelle on vient de déposer le corps d'un défunt. Ce sujet compliqué est traité de façon si originale et si expressive qu'on regarde ce tableau comme un de ses plus capitaux, ajoute le chroniqueur. Les trois dernières œuvres, de fond de tableau, sont plus suggérées que visibles ; l'ensemble est* ***convaincant*** *néanmoins, on a envie de les rapporter à aujourd'hui, sous le titre populaire des « Restaurants du cœur » (N.D.L.R.). Il en existe 6 versions. L'artiste s'inscrit dans la tradition de Pierre Brueghel l'Ancien, qui dans sa série des* Sept Vertus, *représentait* La Caritas *sous la forme des sept œuvres de la miséricorde ». La femme allaitant un enfant (premier plan) rappelle la tradition de la figuration de la Charité. Au premier plan, le peintre use d'un de ses clins d'œil habituels, le motif d'une tête féminine qui épie les gens attroupés en bas ; qui revient dans* Intérieur de cabaret, partie de cartes, *(1645) du Louvre, et* Le Tête-à-tête épié *ou* Le Galant buveur.

Quand Pieter Brueghel le Jeune (1564-1637), premier fils de Pieter Brueghel l'Ancien, peint

Les sept œuvres de Miséricorde en 1616-1618, c'est déjà un peintre en pleine possession de son art. David Téniers le Jeune, dans ses peintures de groupes, telle sa version d'une noce populaire de village datée de 1637 du Musée du Prado (Madrid) ne montre déjà que peu de grandes figures à l'avant-plan. Il a même tendance, à partir de 1640, à ne représenter dans ses scènes villageoises (kermesses) que de nombreuses petites figures. Et c'est sous l'influence de Jean Brueghel de Velours, frère du précité et son beau-père, qu'il s'exerce à un coloris clair et accentué par rapport à la monochromie des années 1630, bien que par ses nuances pastel et la cohérence des teintes, Téniers le Jeune se distingue de la structure rigoureusement agencée du peintre flamand.

À l'inverse des scènes d'extérieur de Peter Brueghel le Jeune, *Danse de mariage* (1610) ou de rixe, *Paysans se battant à propos d'une partie de cartes* (1615-1618), peinte conjointement avec son ami Paul Rubens, où l'avant-plan est occupé par des figures volumineuses « qui crèvent l'écran » (danseurs ou pugilistes), David Téniers le Jeune, rechigne à ces stratagèmes, il n'aime pas distinguer certains protagonistes plutôt que d'autres. Ou, il les met en scène seuls, il les isole volontairement, personnages-types (*Le Rémouleur, Le Fumeur, Le Marchand de moules,* etc.). L'être humain parmi d'autres, reste à sa place dans la nature comme dans la société. Même le héros symbolique d'une allégorie, tel *Le Fils prodigue*, ou « Le couple aristocratique » de certaines de ses toiles à succès, parmi la foule des paysans un jour de fête au village, ne se distinguent par la taille ou le volume, ils restent à leur place, individus parmi d'autres. Ils se distinguent en échange, par le costume et l'allure, plus sélectif sous l'ancien régime. Il ne peint ici que la réalité, les kermesses étant composées de rustiques où venaient se mêler par curiosité des gens de la classe bourgeoise, bien mise et probablement quelques châtelains ou riches propriétaires terriens.

Le Fumeur du Louvre, est accoudé à une table en bois avec un pichet de bière, les jambes écartées, de face, il fume une pipe étroite et longue qu'il tient de façon délicate entre ses doigts, derrière lui, trois hommes s'affairent à une partie de cartes. À gauche, dans l'entrebâillement d'une porte, une femme jette un regard furtif. *Le Fumeur* est quand même attribué à David Téniers le Vieux par le Petit Larousse, en 1973... ! « La touche (du peintre) est à la fois si fine, si simple et si habile et toujours tellement reconnaissable, jusqu'aux plus infimes accessoires,... que Greuze disait : Montrez-moi une pipe, et je vous dirais si le fumeur est de Téniers » ; il parlait de David le Jeune.

Après son mariage avec Anne Brueghel, en (1637), Téniers II le Jeune se tourne vers l'œuvre de son beau-père et il place quelques figures à l'avant-plan de ses toiles, mais sans ostentation. Le paysage se déploie parallèlement, ce qui correspond au paysage hollandais de l'époque, plutôt par secteurs, en fonds de paysages. Ce type de paysage en profondeur, construit comme un symbole, a eu un précurseur dans les Flandres en la personne de Joachim Patenier (Bouvignes 1480 - Anvers 1524). Ce peintre de la gilde d'Anvers, fit la connaissance de Dürer qui appréciait son talent, et subit aussi l'influence de Gérard David (1460-1523), peintre de la gilde de Bruges, qui marque un retour à Van Eyck. Patenier fut l'un des premiers à modifier le rapport figure-paysage, au profit de ce dernier. Son parti pris de vue plongeante lui permit de développer de vastes panoramas, dont les détails sont rendus avec minutie et pittoresque, qui s'intègrent à l'ensemble de la composition. Il savait suggérer un climat poétique particulier (*La Fuite en Egypte* d'Anvers, *Charon* du Prado, ingénieux prétextes au déploiement d'une vaste composition) et les formules qu'il fixa furent reprises par de nombreux paysagistes au cours du XVIème siècle. Un peu plus tard, le style de Claude Lorrain et de Rubens s'annonce dans les harmonieuses compositions, d'une conception large et simplifiée, que multiplie Paul Brill (Anvers 1554 - Rome 1626) dans sa maturité (*Diane et ses nymphes*), sans parler des œuvres de

Josse de Momper (Anvers 1564 - 1635), visibles au Louvre tous les deux, qui constituent des bases formelles pour la conception du paysage de David Téniers le Jeune à cette époque.

Dans *Les sept œuvres de Miséricorde* de Pieter Brueghel le Jeune, le sentiment d'humanité qui préside à la réalisation du tableau en nivelle les impétrants, les pauvres ou les miséreux de tous âges qui se précipitent à la distribution de pains (premier précepte de charité : « Nourrir ceux qui ont faim... »), à gauche à l'avant-plan, comme ceux que l'on vêt, à droite, qui essaient à la hâte les chemises, donneurs et demandeurs ont la même taille, ils sont nivelés. Aucune figure ne se distingue. Le groupe de gens que l'on désaltère au second plan est plus petit, ainsi que les voyageurs qui reçoivent l'hospitalité, et les malades que l'on visite, et les captifs libérés. Au fin fond, on ensevelit les morts, en tout petit, selon les lois de la perspective : le format « paysage » apparaît qui permet de jouer sur la profondeur de champ. Les scènes se fondent en un tout, dans un lieu unique, au centre d'un village pris en perspective autour de l'axe principal d'une rue qui fuit, réunissant les sept œuvres de charité, qui sont peu ou prou les actes essentiels d'une vie. Les deux peintres, Téniers le Jeune et Brueghel d'Enfer, ont voulu réunir dans un même cadre ces actes essentiels, en les traitant comme des épisodes séparés, portés comme par une arrière-pensée pédagogique : Brueghel y ajoutant cette touche cocasse ou tragique apprise par son père et teintée d'humanité. David Téniers, dont le travail est tardif, inspiré par Brueghel le Jeune, son tableau s'adresse surtout à des œuvres de première nécessité, subvenir à ceux qui ont faim, soif et sont nus, regroupés en un amalgame de figures concentrées sur le même plan, discernables individuellement et qui dégagent et dispensent grâce à un coloris attrayant, et à la chaleureuse et dense assistance, une incontestable dimension humaine. C'est sans doute, pour David Téniers le Jeune, une de ses plus belles réussites, dans la pleine période de ses dix meilleures années, 1630-1640.

Au moment de la naissance de son premier enfant, en 1638, David III, *Le Troisième David Téniers*, fils d'Anna Brueghel son épouse, David II le Jeune, âgé de vingt-huit ans, marchait confiant vers la notoriété et la fortune écrit Paul Lambotte. Anton Van Dyck, peintre prestigieux de l'École d'Anvers et à la renommée internationale, allait disparaître en 1641, à Londres, et Pierre, Paul Rubens, plus grand peintre des Flandres, Maître de l'École d'Anvers dont l'importance est considérable, mourrait un an plus tôt, en 1640. Tout l'héritage européen de gloire délaissé par ces maîtres allait à Téniers le Jeune, dernier représentant (avec Jordaëns) de la célèbre École d'Anvers. Et bientôt la faveur de Léopold-Guillaume, Gouverneur général des Pays-Bas va attirer David II à Bruxelles. Nommé peintre particulier de l'archiduc, Conservateur de son Cabinet des Peintures et Aide de sa Chambre, l'artiste se fait construire, sur un terrain dépendant de l'Hôtel Ravenstein, proche du Palais, une somptueuse demeure. Il a des relations brillantes, il mène une vie large et facile, il songe obtenir comme Rubens et Van Dick, un flatteur anoblissement du roi d'Espagne. En attendant il se pare d'armoiries. Les cinq enfants que lui donne Anne Brueghel vivent une jeunesse heureuse. Sa carrière a été extrêmement brillante, ses *scènes de genre* décrivant la vie dans les villages, correspondaient bien au goût du jour. Désormais célèbre, il vend ses toiles facilement.

Le second mariage de David le Jeune, âgé de 46 ans, veuf depuis cinq mois, avec Isabelle de Fren eut lieu le 21 octobre 1656. Personne de bonne naissance (noble), fille du secrétaire du Consul Souverain du Brabant, filleule de l'Archiduchesse Infante Isabelle, bien apparentée et pourvue de hautes relations, elle flattait la vanité de l'artiste que des fonctions officielles mettaient en contact quotidien avec le monde de la cour. Richement dotée, elle lui permet en 1662 d'acquérir le domaine de Dry-Toren (*Les trois Tours*), entre Perck et Penthy, près de Vilvorde. Il l'avait acheté à Hélène Fourment, veuve de Rubens et de son second mari, le sieur de Broucheven de Bergeick. « J'encline à penser, écrit joliment Paul Lambotte, que David II, avant de devenir propriétaire de cette ferme-château y résida en qualité de locataire. Des paysages et des études qui représentent des sites des environs de Vilvorde, signés et datés par lui, sont antérieurs à 1662 ». La faveur des grands s'étendait à sa famille. Aux quatre enfants qui naquirent de sa seconde union, comme à ceux de son premier lit, David II sut assurer des parrains influents et des marraines de marque.

Dans la seconde partie du siècle, David II le Jeune est plus sensible à l'attrait des cercles aristocratiques de Bruxelles où il était un peintre de cour dans la mouvance de Léopold-Guillaume. Son art avait mûri, sa palette était plus raffinée et ses couleurs étaient devenues plus nuancées et légères. Dans ses grandes compositions, le paysage et la nature assuraient un rôle plus signifiant. Il ne cherchait plus ses modèles parmi les paysans buvant dans les auberges ; il faisait le portrait d'hommes et de femmes de plus noble naissance, vêtus de costumes à la mode des années 1660 à 1670. La gestuelle de ses personnages devînt plus étudiée, la grâce affectée des familles nobles en promenade à la campagne, où se dessinait parfois la silhouette de sa ferme-château des « Trois Tours à Perck », est soulignée par contraste, par la robustesse maladroite des paysans qu'ils croisent sur les rives d'un plan d'eau. Le peintre situe le milieu de la tour du château dans l'axe précis du paysage. Des finesses équivalentes de composition, sont discernables dans quelques-unes de ses œuvres.

L'artiste a aussi collaboré avec des peintres comme Lucas Van Uden et Jacques d'Arthois [11] (Bruxelles 1613 - 1686), peintre paysagiste, disciple de Vadder. Il a œuvré à des cartons pour des tapisseries auxquelles on a donné le nom de « ténières ». Son œuvre est considérable, sa virtuosité aussi qui en est à l'origine, avec les attributions erronées que l'on sait entre son père, son fils David III, et aussi son frère Abraham. Il a renouvelé et élargi les tendances de la peinture flamande de genre, et il a suscité des imitations nombreuses aussi, les tableaux « attribués » ou « de la mouvance », voire « d'après », Abraham, David le Jeune ou le Vieux, faisant florès. Certains copistes ou imitateurs se firent même un nom de cette spécialité (David Ryckaert).

Ses dernières années seront empoisonnées par les procès de succession de ses propres enfants (d'un premier mariage surtout), bien qu'ayant fait dresser un acte devant le Magistrat, en sauvegarde de leurs intérêts. « L'arrangement qui intervint ramena la paix, mais non l'affection

11 **D'Arthois (Jacques) :** (1613 - 1686), paysagiste né à Bruxelles. Il crée le genre de paysage qui va dominer à Bruxelles, Malines et Anvers pendant toute la fin du XVIIème siècle.

évanouïe », écrit Henry Roujon.On a tout lieu de croire qu'il mourut paisiblement, octogénaire, le 25 avril 1690. David Téniers le Jeune, est le seul peintre flamand du XVIIème siècle qui ait traversé les générations sans connaître d'éclipse. C'est la force de son génie. Téniers II est un grand maître. Son art est celui d'un grand peintre des petites gens, divertissant sans vulgarité. Un peintre qui plut et plaît à tout le monde, dont on ne se lasse pas. « Il ne faut pas être docteur ès lettres pour s'amuser toute une heure devant cette *Fête de village* de David Téniers, un chef-d'œuvre de composition et de lumière. Voilà qui n'est pas écrit en hébreu, qui est à la portée de toutes les intelligences, les plus hautes comme les plus humbles. Téniers a raison dans son cabaret d'Anvers comme Raphaël dans son Vatican, nous dit Arsène Houssaye dans *Merveilles de l'art flamand* (1867), l'Art, qui est l'interprétation de la Nature, représente la vie et la pensée sous toutes leurs faces. Le philosophe saluera l'œuvre de Dieu dans une kermesse de Téniers comme dans les Apôtres de Vinci ».

Abraham Téniers (1629 - 1670), 4ème fils de David l'Ancien :

Il faudra attendre les années 1970, en France, pour qu'on s'aperçoive définitivement que le nom du peintre David Téniers, outre l'homonymie complète des nom et prénom, recouvrait en fait trois peintres distincts, le père David Téniers le Vieux, dont les dons différaient tant soit peu de son fils et élève, David Téniers le Jeune, au talent si différent et si diversifié, tous deux si appréciés de leur vivant, et le fils aîné de ce dernier, *Le troisième David Téniers*. Ce qui explique l'absence pérennisée de Téniers l'Ancien au Louvre aujourd'hui, hormis une crucifixion ou *Calvaire*, et celle par voie de conséquence de son petit-fils David III Téniers. Je ne parle pas ici non plus de l'ignorance apparente concernant le troisième Téniers, par ordre chronologique, Abraham, quatrième fils de Téniers l'Ancien, mort à 41 ans, peintre à l'œuvre reconnue aujourd'hui, et quatrième peintre de la famille Téniers, de très bonne réputation, lui aussi absent des collections (N.D.LR.). Et pourtant...

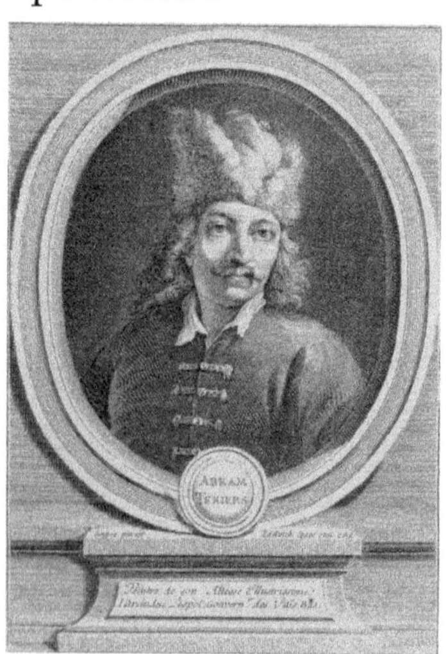

Abraham Téniers

« Abraham, frère cadet de David Téniers, s'est attaché à rendre la vie désordonnée, des buveurs invétérés, des joueurs irascibles, des intérieurs rustiques aux scènes journalières et pittoresques ». Sans parler des *Tentations de St. Antoine* où il a introduit un imaginaire plein de fantaisie et original et de ses toiles rapportant des scènes de violences ordinaires, guerrières ou religieuses. Troisième frère de David Téniers le Jeune, quatrième fils de David Téniers I dit le Vieux, baptisé le 1er mars 1629, Abraham Téniers devint membre de la Gilde de St. Luc à seize ans (1645). Abraham épouse en 1664, Isabelle de Roore, il a par ailleurs une importante activité de marchand. S'il est l'élève de David Téniers dit l'Ancien, son père, les peintures de son frère aîné restèrent un exemple pour lui durant toute sa carrière dont il traita les mêmes sujets, même s'il les diversifia.

Abraham Téniers est surtout connu pour ses *scènes de genre,* populaires, en milieu rustique, et ses scènes prises sur le vif sur les places, kermesses ou fêtes de village en liesse, ou à l'intérieur, dans des tavernes, ou des échoppes d'artisans (*Intérieur de barbier*), parfois riches en détails ethnographiques. Il est aussi réputé pour avoir illustré la vie quotidienne d'animaux, des singes en particulier, dont il peuple les places et les intérieurs, substituant les singes aux personnages, comme le faisait

La Fontaine en France au même moment par le biais des fables. Ses toiles connaîtront un certain succès, nous délivrant des fables animalières où les personnages représentés sont des singes travestis. Il existe en effet, plusieurs œuvres de ce type au Musée des Beaux-Arts d'Anvers : *Singes coiffeurs, Singes accroupis jouant aux cartes, Singes attablés dans une auberge, un autre tirant le vin à un tonneau, Singes cuisiniers, Singes gastronomes, Singes-soldats,* utilisant parfois des scènes de mixité originales, *Paysan regardant des singes qui jouent.* « Singeries » qu'un auteur contemporain, Robert Genaille, dans « *De Rubens aux Surréalistes* (1958) » attribue à son frère aîné… à qui on prête, il est vrai, plus de deux mille autres toiles…

… Une grande confusion :

Le nombre de peintres s'additionnant et selon une certaine logique interne, à la première génération Julian Téniers II (1572 - 1615), peintre de figures et de fleurs, instruisit son frère cadet, David I l'Ancien, en dessin et peinture qui à son tour enseigna à ses quatre fils (seconde génération), dont David II le Jeune en premier, les rudiments et les finesses de la forme et de la couleur qui firent de lui le peintre habile et le coloriste nuancé que l'on sait. De la même façon, il enseigna à ses autres fils, Julian III (1616 - 1679), peintre et marchand de tableaux, à Theodor

(1619 - 1679), peintre aussi et à Abraham, peintre d'une certaine importance, malgré ce qu'en a dit Dezallier d'Argenville « quoique bon peintre, il fut très inférieur (à son frère aîné) », les secrets du métier de peintre. Tous profitant des connaissances de leur ascendant direct, assimilèrent ce savoir, mais travaillant dans le même atelier et sous des commandes communes, ne purent qu'être influencés, si bien qu'on s'aperçut que « les dessins du père ne se distinguent point assez de la manière du fils - qui a toujours mis en bas de ses tableaux (du vivant du père), David Téniers « junior » suivi de la date de l'année - pour pouvoir en prescrire des marques essentielles. On pourra consulter dans la vie de David Téniers II le fils, ce qui est dit de ses dessins. On a peut-être gravé d'après les tableaux du père plusieurs morceaux qu'on a cru être de son fils ». Difficulté que l'on retrouvera, toutes choses étant égales, quand il s'agira de reconnaître une toile de David II le Jeune, de celle de son fils aîné David III (troisième génération), « le troisième David Téniers », qui avait longtemps travaillé dans l'atelier de son père à des tableaux ou à des tapisseries ». De la même façon, l'enseignement et la pratique en commun de la peinture firent qu'Abraham reprenant les sujets de tableaux (*scènes de genre* : cabarets, kermesses, fêtes de villages ou diverses *Tentations de St. Antoine*) chers à son frère aîné David II, ce dernier complétant parfois les travaux de son frère puîné, l'osmose était telle que la critique a souvent douté de l'appartenance de l'œuvre. Avec le temps, la succession des générations, la critique et la postérité ayant perdu les liens précis de parenté (la généalogie) séparant les différents membres d'une même famille, par laxisme aussi, ils portèrent au crédit du premier peintre à avoir atteint un seuil de renommée évident, ce qui fut le cas de Téniers II le Jeune, les toiles dont ils doutaient, expliquant les imbroglios nombreux et l'ignorance ayant présidé à « l'énigme des Téniers », qui est moins qu'une énigme, sinon une grande confusion.

Dans le cadre de la mission confiée par l'Archiduc Louis-Guillaume à David Téniers le Jeune de publier sous forme de gravures, les tableaux italiens de sa collection, le peintre exécute à l'huile et dans un petit format, des copies des plus importants maîtres italiens qui serviront de modèle aux graveurs ; ce sont les « pastiches » terminés en octobre 1656, quatre mois après le départ du Gouverneur. En 1658 paraît la première édition de ce célèbre ouvrage, le *Theatrum Pictorum*, sous la direction d'Abraham Téniers. Ils essaimeront dans les plus beaux Cabinets de l'Europe. Dans les années 1660, son frère aîné David II, se berce de rêves bucoliques dans la nature bruxelloise, où il peint, outre des paysages idylliques de retour à l'Antiquité, passant de la représentation de fêtes à des banquets et des danses dans les cours de ferme. Il s'adonne à peindre des œuvres plus singulières, tels des alchimistes (*l'Alchimiste,* Musée de Dresde, œuvre aux mille détails amusants d'une exécution spirituelle), des ermites, personnages égarés de ses Tentations de St. Antoine recueillis au fond de grottes érémitiques, des allégories animales avec des singes jouant aux cartes, rivalisant ainsi avec Abraham, lui, écumant les cabarets interlopes et les assommoirs rustiques.

Telle est l'*Auberge avec paysans jouant aux cartes,* huile, datée de 1655, un bel exemple du travail d'Abraham Téniers : deux hommes jouent aux cartes sur une table rustique dans une auberge, tandis que la taulière lorgne les cartes de l'homme sur la gauche. Le profil caricaturé du joueur de cartes de droite, avec son énorme menton à galoche et son long nez camus, ajoute un effet comique à la scène. Au fond de la pièce à droite, un serveur qui semble pressé, sort par une porte en tenant un plat. Le jeu de cartes était une activité très populaire et omniprésente dans la peinture de genre au XVIIème siècle. On trouvait des joueurs de cartes non seulement dans les tavernes et dans la rue, mais aussi dans les lieux fréquentés par les classes supérieures de la société et à la cour, hommes et femmes confondus. À l'image de son frère aîné, Abraham traita aussi souvent ce thème des joueurs de cartes dont cette représentation d'auberge avec des paysans, qui se trouve à la National Gallery à Londres.

Une œuvre comparable à cette toile d'Abraham Téniers, est *Paysans chantant dans une auberge* du Palais Rosso à Gênes, en Italie. Aussi, proches des ci-devant tableaux, *Fête villageoise* de 1661 ou 1665 (40cm x 50cm), à Mannheim, Reiss Museum ou *La joie au village* du même Abraham de 1664, et *Noces villageoises, Le banquet de la mariée* et une autre scène de liesse au village avec des paysans exubérants d'Abraham, *Boerenfeest* est datée de 1664, à Anvers, elles offrent des excellents spécimens de l'art du frère cadet de Téniers le Jeune. On peut citer aussi *La Tentation de St. Antoine*, paysage dans une grotte sur panneau de chêne (48cm x 64cm), *Rissa di conta in un interno,* (Règlement de compte dans une taverne), Huile, (39,5cm x 50,5cm), qui est plus sévère, on s'y frappe à coups d'armes blanches ! et *L'Opera conescuita* (*L'Oeuvre connue*) d'Abraham Téniers, chose rare, à cause de sa mort relativement précoce, pour laquelle la grande partie de son œuvre est attribuée à son frère aîné David II le Jeune, mort octogénaire ! Parfois la signature est nette seulement pour le nom de Téniers, endommagée ou disparue pour le reste, ne permet pas de conclure avec une absolue certitude (c'est le cas de *Paysage de montagne, Intérieur de cabaret,* et *Les misères de la guerre* (27cm x 37cm). Il paraît très vraisemblable que le fond soit d'Abraham, les personnages de David II Téniers, comme c'est le cas dans les deux derniers tableaux signés *A. Téniers*. Cette dernière toile, typique de l'œuvre d'Abraham Téniers, appartient à une série de dessins, gravures ou toiles, tel *Soldats pillant un village* : au centre d'un village des soldats font prisonniers des habitants, attachant un prêtre, menaçant les autres, mettant à sac une maison.

Dans ce premier tiers du XVIIème siècle qui voit s'installer progressivement une paix retrouvée sous l'autorité et l'impulsion de la cour des Archiducs, Albert et Isabelle, la fille de Philippe II, roi d'Espagne, se montrent soucieux de prospérité et de calme dans les Flandres et les Pays-Bas, permettant un rayonnement des beaux-Arts et de la peinture sous l'égide de Rubens et de son École. On peut en apprécier le changement d'avec la période précédente, plus confuse, agitée, traversée par la guerre, les conflits religieux et la violence qui leur est inhérente. Le pays épuisé, sortait en effet des pires malheurs, brasseries et moulins rasés, troupeaux dispersés, émigration des paysans et des artisans fuyant les persécutions. Abraham avait sans doute en mémoire les récits encore frais de ces excès et pillages commis par les factions religieuses, protestantes (« l'hérésie de Luther ») comme catholiques, ou par des quarterons de soldats égarés. Il peignait aussi des scènes de violence civile. Estaminets et tavernes mal famés ne manquaient pas dans les quartiers et les ports comme Anvers, bien achalandés en faune trouble. Téniers le Jeune et son frère Abraham, et Brouwer, le peintre de Harlem, les fréquentaient et les peignaient. Les lieux étaient frustres et les gens étaient rudes. Téniers le Jeune, à ses débuts, subit fortement l'influence du peintre Brouwer, dit-on, avec une grande liberté de touche. Que dire d'Abraham dont la peinture est très proche de la sienne, comme cette *Auberge avec paysans jouant aux cartes* de 1655. On dirait *Tabagie* de Brouwer, peint sur bois (20cm x 28cm), du Louvre, avec sa faune perdue et bien vivante.

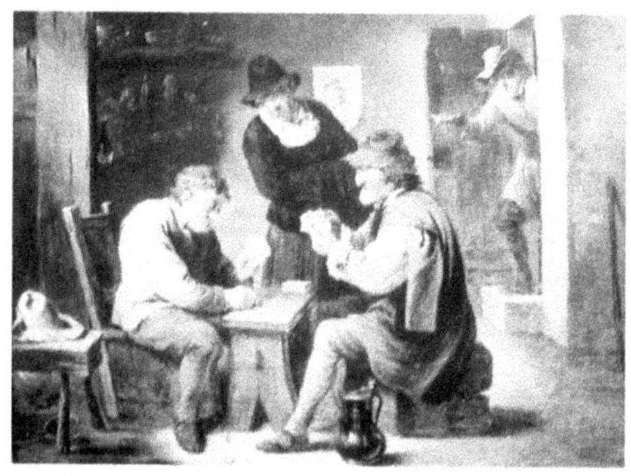

« Auberge avec paysans jouant aux cartes » (20cm x 28cm)**, 1655, Abraham Téniers.**

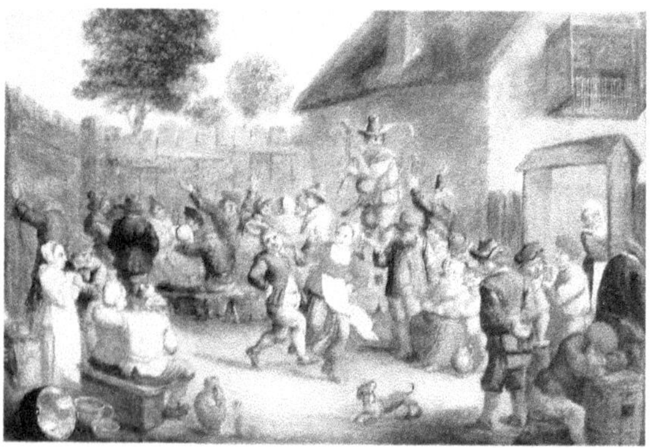

« Fête au village » dans une courde ferme, par Abraham Téniers (1629 - 1670).

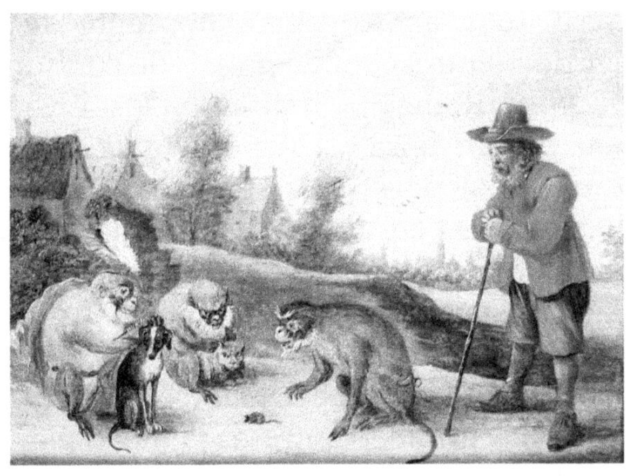

« Paysan regardant des singes qui jouent »
Panneau de chêne (18cm x 23cm),
attribué à **Abraham Téniers**.

« Le Troisième David Téniers » (1638 - 1685)

David Téniers III, né à Anvers le 10 juillet 1638, est l'aîné d'un premier mariage de David Téniers le Jeune, peintre de grande renommée, et d'Anne Brueghel, fille de Brueghel dit de Velours. C'est un peintre de sujets religieux, de *scènes de genre*, de portraits et de cartons de tapisserie. D'abord élève de son père, ce dernier va, quand il atteindra vingt-deux ans, favoriser un voyage en Espagne - les Flandres sont sous tutelle espagnole – de son fils aux qualités de dessinateur et de peintre évidentes, où il va l'envoyer, nanti des plus flatteuses recommandations, entre autres d'une lettre de l'Archiduc Léopold-Guillaume pour le roi d'Espagne. Il part pour Madrid, le

26 avril 1661 en voyage d'apprentissage du métier de peintre, comme il était de coutume de partir pour Rome (la réputation de l'Espagne n'étant pas en retrait à l'époque des écoles de peintures italiennes). Son père l'avait entouré de prévoyances en vêtements, argent liquide et matériel pour préparer des cartons de tapisserie. À Madrid, David III créa de nombreux modèles pour les tisseurs, peignit plusieurs portraits de personnalités appartenant à l'aristocratie du pays. Le grand peintre espagnol Vélasquez venait de mourir, la question que l'on se posait était vers quel peintre en particulier il porta son attention ? Vers quel type de peinture ? L'œuvre du Maître castillan ne le laissa manifestement pas indifférent. À son retour, deux ans après, il reçut le titre honorifique de Gentilhomme de l'artillerie de sa Majesté et le cahier de commandes de portraits de hauts personnages (une note manuscrite de sa main en langue castillane porte qu'il a fait le portrait en pied, grandeur nature, de son Excellence le marquis de Pic et Velasco, avec bataille et artillerie en arrière-plan pour la somme de 84 florins, ou 35 « patacons » !). Sur le plan du prestige personnel la faveur d'obtenir ses conseils, d'être admis comme élève dans son atelier, d'être sollicité, à l'intermédiaire des plus influentes recommandations, par des jeunes gens espagnols ou flamands dont les noms sont connus, plaident en ce sens. Il revint auréolé d'un prestige mérité qui établit sa réputation de peintre.

David III avait liquidé en juillet 1671, la succession de sa mère Anne Brueghel, morte en 1656, quand il avait dix-huit ans, et il épouse Anne-Marie Bonnarens le 4 août 1671, fille unique de Josse Bonnarens, « en son vivant haut échevin du pays et de Jeanne Van Calendries, son épouse », dont il eut cinq enfants, deux garçons : David IV, négociant et Dominique Melchior Ignace (Inachus), prêtre, et trois filles, Claire Eugénie, béguine, et_Isabelle. David II Téniers, le père, et Jean Erasme Quellin, mari de sa sœur, sont ses témoins. Il avait exécuté, avant son voyage en Espagne, un grand nombre de panneaux décoratifs, de cartons de tapisseries, et de copies d'après des œuvres de maîtres, entre autres, d'après le « Samson » de Van Dyck (Musée de Vienne). Cette copie fut peinte en collaboration avec son père David II le Jeune, David III en ayant peint la plus grande partie. Ce tableau est aujourd'hui à Termonde chez M. le Chevalier O. Schellekens. David III avait aussi, sur commande d'un M. Deliano, peint les portraits de S.A. le Prince Cardinal Don Juan et du Duc d'Albe, à cheval, grandeur nature, sur des fonds de Van Der Meulen [12]. Enfin, toujours à la même époque, un tableau représentant *La vie de St. Joseph*, pour Mme. Christyn, belle-mère

12 **Van Der Meulen (Adam, François) :** Peintre de batailles et d'histoire (1632 - 1690). Élève de Peter Snayers. Maître de la gilde de Bruxelles (1648). Appelé à Paris comme peintre du Roi. Il peignit sièges et batailles des guerres de Louis XIV. Membre de l'Académie (1673). Meurt à Paris.

du comte de Ribeaucourt. L'œuvre est encore dans l'église du village de Perck, pour laquelle elle fut commandée. Le prix payé à l'artiste servit à ses achats de trousseau au moment de son départ pour Madrid. De la même année est daté le tableau conservé de l'église voisine de Penthy, *Une Sainte Famille,* portant « une belle signature : David Téniers *junior* fecit », 1660.

Maître à Bruxelles en 1675, et il travaille longtemps en collaboration avec son père. De l'avis de certains critiques, les productions de deux artistes sont difficilement distinguées l'une de l'autre, les deux peintres vivant et travaillant quasiment en symbiose, David II et David III reproduisant les mêmes causes et les mêmes effets que le duo David I et David II, ce dernier étant passé du rôle du fils à celui de père. David Téniers III travaille beaucoup aussi avec son père pour les fabriques de tapisseries. La reproduction du même engendrée ici par la filiation patriarcale, fonde l'identité individuelle des fils sans nuire à la rupture nécessaire avec le père pour trouver sa propre voie, ce qui sera le cas pour les deux David II puis David III.

On ne peut exclure néanmoins, qu'au titre des effets secondaires, la ressemblance des œuvres des deux couples père-fils, l'axe de la confusion principale étant David II le Jeune, fils-père/père-fils et donc au cœur même de l'ambiguïté par son talent et sa prolixité, cette filiation naturelle et mimétique ne soit pour partie responsable dans l'attribution erronée des œuvres.

Le Troisième David Téniers est d'abord occulté et son nom oublié, sa production étant méconnue et dispersée à sa mort en 1685. La critique le découvre tardivement, ou plutôt le re-compose, plus encore que son grand-père, David Téniers I, le Vieux, dont l'œuvre est méconnue et occultée pour partie, mais pas intégralement. Au même titre en échange, que celle de son oncle Abraham Téniers, dont l'œuvre est inconnue, elle aussi, ou confondue avec celle de son frère aîné, David II le Jeune.

« Quelques œuvres du troisième David Téniers » par Paul Lambotte :

Nousallonsnousaider,pourmieuxcomprendre sa carrière, d'un essai ou Mémoire, paru sous la plume du critique d'art Paul Lambotte, intitulé « Quelques œuvres du troisième David Téniers ».

L'œuvre de David III Téniers, comme sa personne, est « réveillée » à travers la découverte de documents et d'archives, du déchiffrement d'anciennes inscriptions et la découverte d'œuvres cachées, voire abîmées. Des travaux minutieusement documentés, authentifiés et des témoignages de spécialistes patentés restituèrent peu à peu l'itinéraire et la biographie du peintre, puis permirent l'établissement d'un catalogue de son œuvre. Ces travaux rendirent les chercheurs à l'évidence et les remirent sur la trace « des Téniers oubliés » : deux, trois, puis quatre peintres à la personnalité, au talent et à l'œuvre suffisamment de qualité pour être considérés. Car, les Téniers, comme les Mousquetaires sont quatre (peintres importants), trois s'appellent David, sauf un, Abraham. « On a relevé notamment que durant un laps de temps d'un siècle environ, huit membres au moins de la famille portèrent le prénom traditionnel de David. Longtemps, il n'a plus été fait état nulle part ni des deux Julien Téniers, ni de David Téniers le troisième, ni des autres Téniers (Theodor), collatéraux ou descendants (Abraham) des premiers ».

« L'un d'entre eux, David III, fils aîné de David II le Jeune, devait bénéficier de cette curiosité « réveillée »... « Non seulement les chercheurs connurent qu'il fut un peintre de talent, qu'il obtînt des succès dans des spécialités distinctes de celles de son père, mais encore plus, plusieurs particularités de son existence furent remises à jour », écrit Paul Lambotte.

« En 1861, à l'intervention du Chevalier de Burbure, un manuscrit important avait été déposé aux archives de la ville d'Anvers ». C'est un « handboek » (ou registre de famille), tenu d'abord pendant plusieurs années par David Téniers III, continué ensuite par sa veuve, née Anne-Marie Bonnarens, bientôt remariée au Chevalier de Goethem. Plus tard le deuxième fils de David III, Dominique, Melchior, Ignace (Inachus) Téniers, prêtre de son état, y a ajouté des annotations concernant ses affaires personnelles et celles qu'il gérait pour son frère aîné David IV Téniers (1672 - 1771), résidant au Portugal. Ce quatrième David Téniers était négociant (et non peintre), associé à un résident flamand Van Praet, qui travaillait à l'importation des sucres en Europe. David IV meurt célibataire à Lisbonne, après avoir rédigé un testament.

Par cet acte, David IV instituait son associé légataire universel, stipulant des legs importants au profit de son frère Melchior-Inachus, sa sœur Eugénie, béguine à Malines, de ses frères utérins de Goethem (issus d'un second mariage) et de ses neveux Albrecht, fils de sa sœur Isabelle, dont l'un, son filleul, était venu le rejoindre, était entré dans les affaires de la firme Van Praet et Cie. David IV avait prévu des libéralités en faveur de nombreuses fondations pieuses, faisant don de monnaies d'or à ses valets et servantes. Il laissait à ses proches tout l'héritage de sa mère, notamment les tableaux compris dans sa part. Ces œuvres d'art, ne sont donc pas restées à Lisbonne, où elles ne furent, très probablement, jamais transportées. C'est la première interrogation, malheureusement, il a été difficile de les rechercher... David IV y a inséré quelques détails concernant des commandes ou des ventes de peintures.

D'autres indications du même ordre, transcrites de sa main, ont été retrouvées dans des papiers de famille conservés par un descendant de sa veuve remariée, M. le Chevalier O. de Schellekens à Termonde.

La lecture du handboek d'Anvers (écrit en flamand) a permis de mettre en lumière la figure de David III. « Diverses informations surgies peu à peu de l'ombre reconstituèrent un personnage dont l'importance parut surprenante au regard de l'oubli total où il était tombé ». À sa naissance, sa marraine fut Hélène Fourment, seconde femme de Rubens qu'il épousa quand elle avait seize ans (elle nous est bien connue par les toiles où Rubens l'a peinte dans toute sa splendeur). Les relations régulières des deux premières générations des Téniers avec Rubens, sa famille et ses élèves expliquent suffisamment ce choix. Anne Brueghel, la mère de David III, avait été la pupille de Rubens et le Maître avait assisté à son mariage avec David le Jeune. On savait ces derniers points, mais nous apprenons qu'au départ, l'aîné des enfants, David III était destiné à la carrière ecclésiastique, mais comme il apprenait parallèlement à dessiner et à peindre parmi les élèves et les collaborateurs de son père, talent qui aurait pu être apprécié dans la cléricature (les enfants pauvres aux XVIème et XVIIème siècles apprenaient le métier d'artistes peintres et décorateurs dans les ordres religieux à usage interne, pouvant aussi se faire connaître à l'extérieur). Comme il faisait preuve d'aptitudes remarquables, il va progressivement décliner la carrière de prêtre pour laquelle aucune vocation irrésistible ne l'entraîne, pour celle de peintre, devenu l'aide habituel de son père, à qui il prépare avec art les cartons de tapisserie dont les commandes affluent.

À son retour d'Espagne, David III rentra sous le toit paternel. Il semble y avoir vécu pendant quelques années tout au moins, écrit Paul Lambotte, en bonne intelligence avec sa belle-mère, Isabelle de Fren, seconde épouse de son père, haut placée dans la hiérarchie de la province. Ils se sont mariés le 11 mai 1656.

David III n'avait pas montré d'hostilité aux secondes noces, si « hâtives » de son père et avait assisté à la cérémonie en qualité de témoin.

« Cependant des difficultés suscitées par des questions d'intérêt n'allaient pas tarder à se produire ». L'intrusion de la seconde épouse va (quand même) poser problème. Elle soulève la présence du fils, les sacrifices consentis pour son éducation et son coûteux voyage en Espagne, et le succès obtenu par les talents prometteurs du jeune David. « Il y eut des règlements de compte, la liquidation difficile de la mère (Anne Brueghel) entre le père remarié et les enfants de la défunte, prélude à plusieurs terribles procès qui suivirent, après la mort de la seconde Mme David Téniers II, survenue en 1686, qui allaient chambarder le lignage entre le père et ses enfants des deux lits, et ruiner à peu près complètement toute la famille ».

Après son mariage, David III habita Bruxelles dans une maison héritée probablement de ses parents maternels, les Brueghel, rue Haute, où naquirent ses six enfants, tous tenus sur les fonts baptismaux selon la tradition de la famille Téniers, par des personnages importants.

Anne-Marie Bonnarens, épouse de David III, « même déracinée et transplantée à Bruxelles, ne s'évada jamais de la tutelle de sa mère, maîtresse femme, dont d'autres « hanboeks » nous montrent des comptes et des inventaires tracés d'une ferme et régulière écriture ». Un petit portrait de David Téniers II (collection de M. le Chevalier O. Schellekens à Termonde) la représente en peseuse d'or... comme dans une de ses «Tentations...» satiriques.

Reçu Maître à trente-sept ans à Bruxelles, le 28 janvier 1675, il est inscrit comme David Téniers *junior.* « Il est probable, nous dit l'auteur, que le père et le fils cessèrent peu à peu de collaborer à mesure que leurs rapports s'aigrirent ».

David III, qui avait dû séjourner dans le domaine paternel de « Dry Toren », près de Vilvorde, et y peindre ses tableaux religieux des églises susdites, paraît y être revenu, entre 1663 et 1671, date de son mariage, et y avoir reçu la commande de deux autres tableaux conservés dans les églises de la région, celui de Boort-Meerbeck, une *Tentation de St. Antoine* (David Téniers *junior* fecit 1666) et le second tableau de l'église de Perck : *St. Dominique agenouillé devant la Vierge et l'Enfant,* « même signature, même millésime ».

David III mourut le 11 février 1685 à Bruxelles, âgé de quarante-sept ans, dans sa maison de la rue Haute (registre mortuaire de la paroisse de la Chapelle). Il fut inhumé dans l'église de Caudeberg. Son père David II lui survécut jusqu'en 1690.

Le 22 mai 1685 le « Harlemsche Courant » publiait l'annonce suivante :

« le lundi 4 juin et jours suivants on vendra à Bruxelles dans la maison de feu Téniers le Jeune (confusion avec David III *junior* dont il s'agit ici !, le père David II le Jeune étant vivant), rue Haute, divers excellents et remarquables tableaux de maîtres éminents, parmi lesquels plusieurs morceaux italiens, plusieurs « productions » du défunt, ainsi que des livres et des estampes, grand nombre des pièces de tapisserie, des meubles, etc. »

« De ces « productions » du peintre défunt nous ne connaissons distinctement aucune à cette heure, note l'auteur. De tout le labeur réalisé par David III durant les quatorze années qui séparent son mariage de son décès, il ne surnage jusqu'à présent que deux peintures bien authentiquement identifiées (je ne parle pas, dit-il, des cartons et des tapisseries) et celles-là ne figurèrent pas dans la vente après-décès de juin 1685. C'étaient des portraits de famille qui n'y furent pas compris par les héritiers de l'artiste, d'abord un groupe où David s'est représenté lui-même entouré de sa jeune femme et des trois aînés de leurs enfants, puis le portrait d'Anne-Marie Bonnarens, vue à mi-corps en robe décolletée ». Ce portrait existe encore dans la maison même où le modèle du peintre, son épouse donc, s'est retirée à Termonde après son veuvage et remariée, et s'éteignit en

1727, âgée de près de soixante-seize ans, veuve pour la seconde fois. L'autre portrait de famille, par voie d'héritages successifs, appartient aujourd'hui à Mme Parmentier, veuve d'un arrière-petit-fils d'Anne-Marie Bonnarens et du Chevalier de Goethem.

Début d'Inventaire de l'œuvre peint de David III Téniers :

Paul Lambotte propose un inventaire des tableaux de David III à partir de « l'examen attentif de ces deux portraits de famille et des quatre tableaux d'église pré-cités, noyau du catalogue de l'œuvre de David III *junio*r, et par voie de comparaisons et de déductions circonspectes, à restituer au peintre avec quelque vraisemblance, d'autres peintures anonymes ou d'attribution douteuse conservées dans les Musées et les Galeries ? ». Il en émet l'hypothèse afin de provoquer les commentaires des spécialistes...

Les quatre tableaux religieux de David III Téniers portent des dates certaines. *La vie de St. Joseph* de Perck et la *Sainte Famille* de Penthy sont des œuvres de jeunesse, exécutées en 1660 par l'artiste, avant son départ pour Madrid. Mal conservées, déparées par des repeints, juge-t-il, elles témoignent à l'évidence de l'influence exercée par Van Dyck, contemporain des Téniers », un des plus célèbres peintres de l'École d'Anvers, « sur leur auteur David III. On sent, dit-il, qu'il s'est assimilé les colorations, les procédés techniques de Van Dyck. Mêmes types, mêmes mains, mêmes accords colorés. Et, ajoute-t-il, par une singulière similitude de tempérament, David III a ressenti l'art de Van Dyck tout à fait comme Murillo débutant en a subi l'empreinte ».

Suit un éloge scrupuleux des toiles par l'auteur avec force détails techniques : « En ces tableaux bien composés, correctement peints, le coloris harmonieux affecte des mollesses tendres, enveloppées : les bleus doux, les roses soutenus, les blancs rompus qui s'agencent en arabesque chatoyante au centre de la toile de Penthy, n'eussent pas paru surprenants sur la palette du maître de *L'Assomption* du Louvre (Murillo). Dans le grand tableau de Perck, où le St. Joseph montre une belle tête de caractère, individualisée comme un portrait, trois bleus nettement différents, un bleu ardoisé, un bleu vert et un outremer, sont harmonieusement mis en valeur par un vieil or et un rose foncé qui sont trouvailles de coloriste doué ! ».

Les deux autres tableaux, datés de 1666, trois ans après son retour d'Espagne, sont différents entre eux. *La grande Tentation de St. Antoine* (église

St. Antoine Ermite à Boort-Meerbeck) est une page austère, toute en bruns et bleus sombres. Sous les vernis décomposés, les pâtes, atteintes par la chancissure et moisies par l'humidité, sont irrémédiablement gâtées. Sourd, embu, d'un aspect sec et friable, le morceau n'est plus que fragmentairement curieux. Le Saint cependant ne manque pas d'allure dans son dédain pour la tentatrice importune, vieille sorcière du front de laquelle jaillissent deux diaboliques faisceaux lumineux. Des garçonnets nus, vus à mi-corps, tiennent l'un un verre de vin, l'autre une pipe. En arrière une habitation grouille d'apparitions fantastiques, les corniches, les croisées débordent d'êtres hybrides telle que l'imagination des vieux flamands en a tant conçus ».

La description sied à merveille aux Téniers, que ce genre d'œuvre inspire de façon générale, donnant libre cours aux figures libres de leur veine fantastique. Les *Tentations de St. Antoine,* genre trop peu fréquent en peinture, offrent des thèmes à l'imaginaire, où les Téniers excellent et qu'il est plaisant de parcourir à leur suite.

« Le second tableau de Perck, au contraire, au panneau large et bas comme une prédelle, à personnages de petite taille, montre un goût des harmonies délicates. Dans une église lambrissée de marbres blancs, la Vierge portant l'Enfant apparaît à St. Dominique et lui remet le rosaire. Le Saint, un manteau noir sur sa robe blanche, s'agenouille au centre de la composition, tandis que le groupe surnaturel s'enlève sur un fond de nuages où des chérubins voltigent. Manteau bleu, vêtements rouges-rosés, linges blancs, chairs délicates, s'assortissent avec des fraîcheurs éclatantes de fleurs. Un grand rideau soulevé par une cordelière avec glands remplit l'angle supérieur de la toile. Ce rideau drapé et relevé fait partie du magasin d'accessoires du peintre, nous le retrouverons dans les deux œuvres profanes, les portraits pré-cités, qui, avec la copie du *Samson* de Van Dyck, constituent toute l'œuvre *authentique* de David III ». L'auteur passe en se justifiant sur les portraits-groupes du Musée de Lierre non signés, non plus que le portrait d'Anne-Marie Bonnarens, les peintures étant destinées à demeurer la propriété de l'auteur et de ses descendants.

« Le groupe de Lierre représente donc le peintre et sa femme avec les trois enfants, David IV, Melchior-Ignace et Claire. Par l'âge des enfants l'œuvre se date de 1678, année qui suivit la naissance de Claire-Eugénie, représentée en bébé dans le giron, maternel ».

« David III a placé au centre de la toile la jeune femme assise, un enfant sur les genoux, un autre enfant appuyé contre elle, l'aîné debout à sa droite. Celui-ci est vêtu déjà en petit homme tandis que son frère cadet, à l'âge indécis où les mères s'amusent à prolonger l'usage des vêtements des tout petits, garde sous son bonnet un air tranquille et doux de fille. Le père, apparaît en bord de toile, debout et tel qu'une glace en face de lui pouvait refléter son image tandis qu'il s'occupait de peindre ». Ce document n'a pas eu la bonne fortune d'échapper aux injures du temps et des restaurateurs, avoue Paul Lambotte, plus de deux siècles après. « En partie usé, et repeint, il montre des sécheresses et des lourdeurs qui le déparent gravement ». L'auteur écrit après 1903, en début de XXème siècle. « Le groupe de la jeune femme et des enfants s'enlève en tons noirs, fauves et blancs, sous un grand rideau vieil or drapé et relevé près d'une colonne. Une échappée de vue laisse apercevoir dans la campagne un manoir, sans doute « Dry Toren » à Perck que David III, en sa qualité de fils aîné, pouvait se flatter de voir un jour devenir par héritage son domaine familial ». Rêve légitime, que de sordides questions de succession vont décevoir. L'auteur revient sur le dessin des traits des personnages, des visages, de ce tableau... « la forme et la manière de certaines mains qui semblent copiées servilement chez Van Dyck, enfin le ton, particulier des chairs, dont le modelé se cerne du côté de l'ombre par un contour net, un trait foncé ». Il n'aime pas, c'est clair, ce tableau.

« Ces mêmes particularités s'observent dans le joli portrait d'Anne-Marie Bonnarens, de condition meilleure, et où reparaissent les notes roses savoureusement caractéristiques des premiers tableaux d'église, ceux de 1666. Anne-Marie paraît un peu plus mûre que sur le tableau de Lierre, elle porte une coiffure à bandeaux, moins flatteuse que les frisures à la Sévigné du premier. Son corsage décolleté laisse apercevoir à son col un joli rang de perles, le velours grenat et le satin rose dont elle est vêtue mettent en valeur sa carnation éclatante de brune aux épaules grasses et fleuries ».

L'auteur est frappé par l'analogie de ces deux peintures avec un autre groupe de portraits dont l'attribution est encore incertaine et qu'il est enclin, à donner au même peintre... Pense-t-il à David III Téniers ? « C'est le groupe acquis en 1891 par le Musée de Bruxelles, du comte de Ribeaucourt, étiqueté alors Van Dyck, et débaptisé immédiatement par presque tous les experts compétents ! M. A. J. Wauters, dans les éditions successives du Musée, après avoir démontré la fausseté de l'attribution du tableau à Van Dyck, suggère que le peintre qu'il appelle *Le Maître de Ribeaucourt,* pourrait bien être un artiste bruxellois du milieu du XVIIème siècle...

Par ailleurs, Lambotte a remarqué que M. Nap. de Pauw, dans les Annales de l'Académie de Belgique (Anvers 1897), dans « Les trois David Téniers et leurs homonymes » (on approche de la vérité... !), étude fort documentée, avait formulé que « le groupe de David III » paraissait se rapprocher beaucoup du « groupe de Ribeaucourt ». Cette réflexion attentive semblait être passée inaperçue...

Pourtant les différentes photographies réunies sur le dossier révèlent des analogies des compositions, une similitude parfaite dans le dessin, un peu monotone et artificiel des visages, des épaules, des mains... « La comparaison des peintures entre elles offre des éléments encore plus décisifs, valeurs des noirs des vêtements opposés à la pâleur des chairs, procédés techniques identiques ». Il a été constaté tout de suite, précise Paul Lambotte, qu'une partie du groupe de famille du « Maître de Ribeaucourt », reproduit presque *servilement* un groupe peint par Rubens, qui reproduit d'après nature, en 1629 ou 1630, une œuvre exécutée par le peintre alors qu'envoyé en Ambassade à Londres, il était précisément l'hôte de Gerbier, agent de Charles 1er. « Comment imaginer que Van Dyck, à cette date, ayant franchi l'étape italienne de sa carrière, se soit appliqué à reproduire avec une gaucherie d'élève une composition de Rubens ? Le peintre s'est installé définitivement à Londres en 1632, et en 1634, il passe de nouveau quelques mois à Bruxelles où il voit fréquemment Gerbier qui y a sa résidence principale et y demeurera jusqu'en

1644. Mais comment admettre que Van Dyck se serait avisé d'en copier l'arrangement des lignes et de valeurs en exécutant le portrait d'une autre famille ? ». La chose n'est pas si simple en effet.

« Il existe de fait deux versions du groupe de la famille Gerbier, l'un représentant le groupe central seul (Coll. de Mrs. Culling Hanbury, Badwell Park), peinture gravée par Mac Ardell, l'autre, marquée des armoiries de Sir Balthasar, dans la collection royale du château de Windsor. On y voit aussi, le groupe de la femme avec les quatre enfants, mais « une autre main » y a ajouté le mari d'un côté, cinq enfants - variant de onze à cinq ans - de l'autre. Cette dernière a été attribuée à Van Dyck tandis que la première passait pour l'originale de Rubens. Puis le groupe de Windsor est restitué à Rubens mais pour la partie centrale seulement (la mère et ses quatre enfants), les ajouts qui l'encadrent étant d'une autre main anonyme ».

Une énigme persiste quant aux circonstances dans lesquelles « Gerbier, - une façon d'aventurier, né à Anvers, ancien peintre, courtier équivoque de négociations diverses, qui a su gagner l'amitié de Rubens, accaparé la faveur de Charles 1er - fit agrandir cette toile : les enfants ajoutés font-ils partie du groupe principal ? Sont-ils frères et sœurs de ceux du groupe principal ? Tout rapport d'âge entre eux semble oublié, aucune hypothèse ingénieuse n'a été émise. Gerbier malgré son titre et sa fortune, ne fait guère figure de gentilhomme, sa femme ne fut pas sans doute une *lady*. Rubens lui-même s'est autorisé du portrait qu'il avait fait d'elle et de ses quatre enfants, pour la représenter nue jusqu'aux reins, entourée de trois enfants, sous les espèces de Minerve protégeant la Paix contre la Guerre ! (Londres, National Gallery). « L'amplification de la galerie de Windsor d'allure un peu mercantile achetée à Harlem il y a un siècle environ fut, cela n'est pas douteux « tripatouillée » à Bruxelles, dans quelque atelier de peintre de figures »... La copie de la partie principale de la composition dut y être conservée et j'estime, écrit Paul Lambotte, qu'elle fut de nouveau mise en œuvre par David III lorsque, une trentaine d'années après que Rubens eut créé ce modèle, il peignit *Le groupe de Ribeaucourt,* probablement dès son retour d'Espagne alors qu'il était encore sous l'influence des noirs et des gris de Velasquez, ce qui nous donne les années 1662 - 63. L'identité des personnes qui ont posé devant le peintre est délicate, il ne semble pas qu'on ait sous les yeux, estime Lambotte, une famille aristocratique. De plus, aucunes armoiries, aucune indication concernant l'âge des personnes représentées ; on croirait plutôt qu'il s'agit d'un artiste parmi les siens. Corneille de Vos s'est peint ainsi (Musée de Bruxelles). Une œuvre populaire de « David Téniers II - dont la gravure est très répandue le représente - sur la terrasse de Perck, jouant de la viole de gambe, entouré de ses proches ». « En supposant que le tableau serait arrivé entre les mains d'un membre de la famille de Ribeaucourt en même temps que le domaine de « Dry Toren », peut-être à la suite de la vente après décès faite en 1685 à la mort de David III, n'y aurait-il pas lieu d'orienter les recherches dans ce sens ? », se demande l'auteur de cet essai biographique. »

Les relations des Téniers avec la famille Christyn furent fréquentes : la commande d'un tableau d'autel de Perck par Mme. Christyn, belle-mère du comte de Ribeaucourt en 1660, d'abord. Cette même dame consent à être la marraine d'un des enfants après le mariage de David qui eut lieu en 1671. Les Téniers eurent on le voit, de bons rapports de voisinages avec les châtelains de Perck à la campagne, ces derniers rachetant successivement les immeubles que les Téniers se virent forcés d'aliéner. En 1671, son père avait abandonné à son fils David III une maisonnette et deux bonniers (mesure agraire des Flandres françaises, Littré) de terre arable sis à Houthem près Vilvorde. En 1698, Anne-Marie Bonnarens et son second mari le chevalier de Goethem vendent ce bien à Libert François Christyn, vicomte de Duysbourg. « Dry Toren » cédé d'abord par David II à son gendre Engrand, à l'époque de ses procès avec ses enfants, a passé ensuite dans le domaine des Ribeaucourt.

« Est-il dès lors invraisemblable, demande Paul Lambotte, qu'un groupe de portraits d'une incontestable valeur artistique, puisse devenir la propriété d'un membre de la famille Christyn-de Ribeaucourt, même représentant des personnes étrangères à leur famille, un artiste connu entouré des siens, par exemple ? ». « Le Musée de Bruxelles possède deux autres portraits que je propose, par semblable analogie, d'attribuer à David Téniers III. Le portrait de Frédéric de Marselaer, seigneur de Perck et Bourgmestre de Bruxelles. Ce gentilhomme est représenté vêtu de noir et coiffé d'un feutre haut d'où s'échappent de longs cheveux gris ». Rien n'écarte la possibilité d'une commande passée au peintre de bonne renommée ayant gardé de bonnes relations avec les habitants du pays de Perck. Sans parler des similitudes de technique dans l'exécution des cheveux et dans la réalisation de la main rappelant le St Joseph et le St Antoine de Boort-Meer-Beek.

M. Wauters dans son catalogue, donne au *Maître de Ribeaucourt* un groupe de famille successivement attribué à Van Dyck et à Frans Hals (Pinacothèque de Munich), un portrait d'homme attribué à Pierre Meert (Musée de Berlin), deux tableaux représentant un jeune garçon cueillant des fleurs et une fillette portant des fleurs, respectivement attribués à Van Dyck et à Corneille de Vos (Musée de Cassel), enfin un portrait d'homme avec armoiries et devise, daté de 1626 et attribué à Van Dyck, celui-là étant écarté aussitôt en raison de la date de 1626, David III étant né en 1638. Enfin, le Dr. Von Wurzbach, dans la toute récente édition de son Lexicon, attribue à David III une « Ste. Famille » signée David Téniers 1684 (Musée de Cologne) et le portrait d'un avocat (*David Téniers fecit*) qui fait partie de la Galerie Schönborn à Vienne. Encore que la mention « *junior* » suive les signatures authentiques que nous connaissons mais fasse défaut sur ces deux dernières. En guise de conclusion à ses recherches, Paul Lambotte nous dit : « En réunissant, en colligeant cette série de notes et d'informations, en hasardant quelques hypothèses bibliographiques (elles sont du début du vingtième siècle, après 1903...), j'espère provoquer de nombreuses découvertes et projeter plus de lumière sur l'œuvre de David Téniers, troisième du nom ».

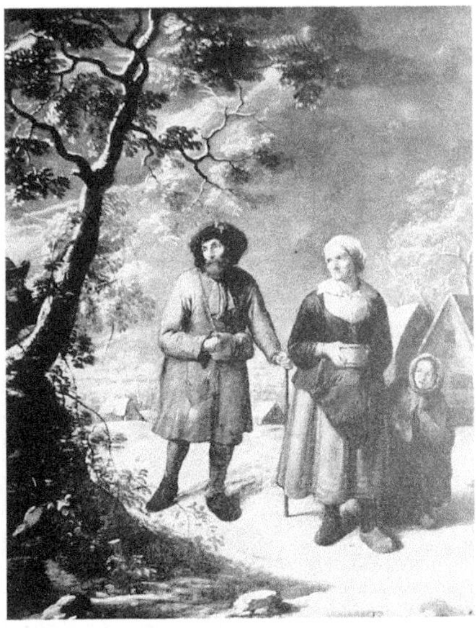

David Téniers III - « Viandanti nella neve »

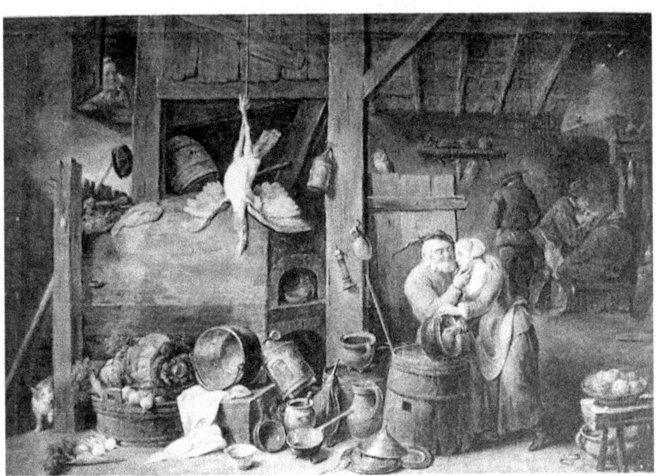

Scène de galanterie dans une grange, nature morte et personnages au fond, David III Téniers

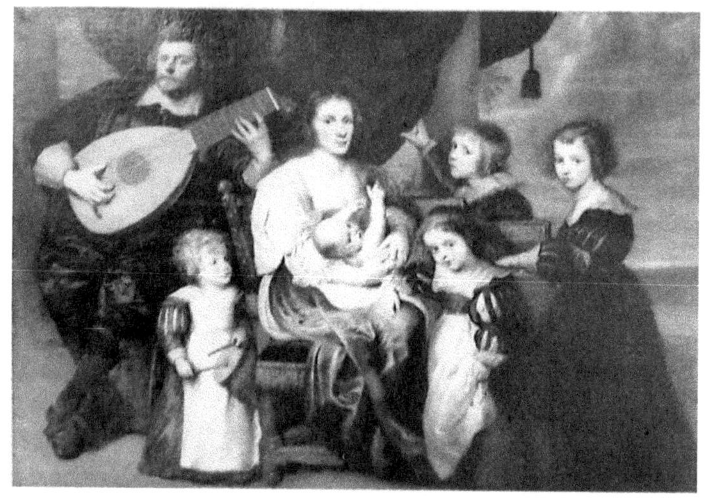

David Téniers III - « *Groupe de Famille* »
(Musée de Bruxelles)

: Ce portrait de famille par David Téniers III, du peintre avec sa femme, Anne Bonnarens, et cinq de leurs six enfants, (Musée de Bruxelles), lui, tenant une guitare à la main, celle-ci n'étant pas véritablement l'attribut d'un peintre, fait penser à la toile de son père, David II le Jeune, « Le Peintre et sa famille » (1645 - 46), autre « scène de genre », dont la gravure est très répandue, qui le représente sur la terrasse de la ferme-manoir de Perck, jouant de la viole de gambe, entouré de ses proches (sa femme Anna Brueghel, son frère aîné Johan ou Theodor et son plus jeune frère Abraham), tandis qu'un singe – l'Imitation – tente de faire basculer un acrotère sur les musiciens. À la même époque, Jordaëns s'est peint debout dans un jardin, avec sa femme et une domestique, tenant également un instrument à cordes à la main.

Supplément à la peinture de David II Téniers par Théophile Gautier, « *Guide de l'Amateur au Musée du Louvre* »

Nul mieux que lui n'a su lire, dire et écrire sur le talentueux flamand :

« On a trouvé un charme intime à ses cabarets où fument des paysans à côté d'un pot de bière, où des servantes, lutinées par des rustiques galants, passent portant des plats ou des flacons, où dans une ombre chaude, piquées de paillettes lumineuses, étincellent des batteries de cuisine bleu écurées ; à ces cabinets d'alchimistes, encombrés de matras, de siphons, de cornues, de serpentins et de tout le fatras cabalistique, mobilier ordinaire des souffleurs ; à ces tentations de St. Antoine, à ces kermesses qui dansent en plein air, à ces chasses au héron, et à tous ces sujets de la vie familière que Téniers excelle à rendre.

Personne ne peignit mieux l'aspect de la Flandre, avec son ciel humide d'un gris léger, ses fraîches verdures, ses maisons de brique, aux pignons en escalier, dont les toits offrent des nids aux cigognes, ses canaux regorgeant d'eau brune, ses corps de garde tapageurs, ses cabarets hospitaliers, ses paysans trapus, à mine goguenarde... »

« À travers cette rusticité, Téniers fait quelquefois apercevoir les tourelles d'une habitation seigneuriale : car s'il peignit la campagne, c'est de la fenêtre du château. David Téniers n'est pas, comme on se l'imagine trop souvent, un artiste dont les œuvres doivent leur principal mérite au fini. Personne n'a travaillé d'une façon plus libre, plus légère, plus rapide.

La plupart de ses petits tableaux, qu'on se dispute à prix d'or, ne lui coûtaient qu'une après-dînée ! Sa peinture blonde, transparente, maintenue dans des gammes rousses ou des gris tendres, procède par larges localités, que modèlent en deux ou trois coups de touche piquante, des réveillons spirituels... »

« Quelquefois cependant il essayait quelque sujet d'histoire ou de sainteté ; et il était homme à mettre des canons au siège de Troie et une pipe entre les lèvres d'Achille aux pieds légers. Ainsi *L'Enfant prodigue* à table entre les courtisanes, a un chapeau à plumes, un manteau de raffiné et une épée posée sur un tabouret. Les courtisanes, paisibles flamandes, sont habillées à la mode du XVIIème siècle et, dans le fond, on aperçoit un clocher surmonté de son coq, ce qui n'a rien de particulièrement biblique... »

ANTON VAN DICK

(Anvers 1599 - Londres 1641)

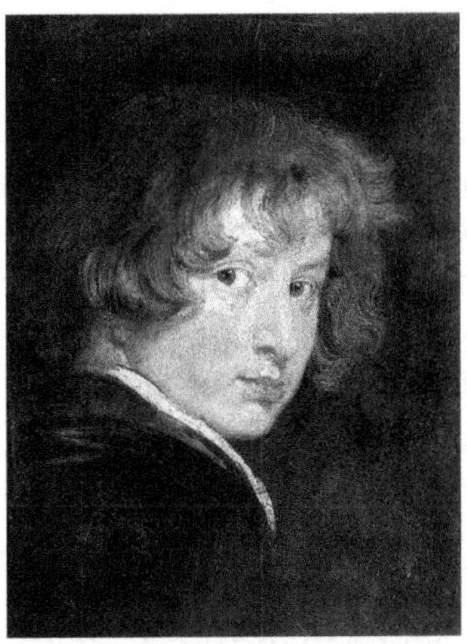

Anton Van Dyck 1613 - 1614

La Légende du Berger Pâris :

Pâris, aussi nommé Alexandre, fils de Priam, roi de Troie, et d'Hécube, son épouse (qui eut la douleur de voir périr presque tous ses cinquante fils, pendant la prise de Troie), connut un évènement insolite à son arrivée au monde. Avant sa naissance, les devins consultés annoncèrent que l'enfant causerait un jour l'embrasement de Troie. Dès qu'il fut né, Priam le donna à un de ses domestiques, pour s'en défaire. Hécube, plus tendre, le déroba et le confia à des bergers du mont Ida (Crête, Phrigie), en les priant d'en avoir soin. Pâris, devenu un jeune pasteur, se distingua par sa bonne mine, son esprit et son adresse ; il se fit aimer de la nymphe Oenone qu'il épousa.

La légende veut qu'aux noces de Thétis, fille de Nérée, la plus belle des nymphes de la mer (Néréides), et de Pélée, père d'Achille, la Discorde (déesse la plus malfaisante, chassée du ciel par Jupiter, et qui n'ayant pas été invitée aux noces, jeta la prophétie fatale qui aboutit à la guerre de Troie), ayant jeté sur la table la fatale pomme d'or avec l'inscription *À la plus belle !*, Junon, (Héra en grec), déesse de l'Olympe, femme/sœur jumelle de Jupiter, mère des dieux, son culte était presque aussi solennel et répandu que celui de son mari, elle avait en partage les royaumes, les empires, et les richesses, c'est aussi ce qu'elle offrit au berger Pâris, s'il voulait lui adjuger le prix de la beauté et elle avait pris fait et cause pour les Grecs contre les Troyens ; Minerve ou Pallas (Athéna en grec), fille privilégiée du maître de l'Olympe : Jupiter après avoir dévoré la déesse Métis (aussi appelée la Prudence) la première de ses sept épouses et se sentant un grand mal de tête, eut recours à Vulcain, le dieu des Forges, qui d'un coup de hache, lui fendit le crâne.

De son cerveau sortit Minerve tout armée. La chaste Minerve resta vierge cependant, elle ne craignit pas de disputer le prix de la beauté à Junon et à Vénus. Afin de l'emporter sur ses rivales, elle offrit à leur juge, Pâris, le savoir et la vertu. Ses offres furent vaines, et elle en connut un grand dépit. Junon, Minerve et Vénus donc, se disputèrent la pomme d'or et demandèrent des juges. L'affaire était délicate, et Jupiter craignant de compromettre son jugement, envoya les trois déesses, sous la conduite de Mercure, sur le mont Ida, pour y subir le jugement de Pâris.

Rien ne fut plus célèbre que la victoire remportée par Vénus, une des divinités les plus renommées de l'antiquité, elle présidait aux plaisirs de l'amour. Née de l'écume de la mer (en grec *aphros*), d'où son autre nom Aphrodite, elle naquit près de l'île de Chypre, dans une nacre de perle. On l'appelait aussi Anadyomène, c'est-à-dire « sortant des eaux ». C'est le surnom donné au tableau du peintre Apelle, la représentant en *Vénus Anadyomène,* tableau consacré par l'empereur Auguste, qui existait encore à l'époque du poète Ausone. Ses rivales, Junon et Minerve, exigèrent qu'elle déposât, avant de comparaître, sa redoutable ceinture (où sont renfermées les grâces, les attraits, le sourire engageant, le doux parler, le silence expressif et l'éloquence des yeux). Elle présidait aux mariages, même aux naissances, mais particulièrement à la galanterie. On lui consacrait parmi les fleurs, la rose.

La pomme ayant été adjugée, Junon et Minerve confondant leur ressentiment, jurèrent de se venger et travaillèrent de concert à la ruine des troyens. Sur ces entrefaites, Pâris, à l'occasion des jeux funèbres où il avait remporté le prix se fit reconnaître de Priam en lui montrant les langes avec lesquels il avait été exposé. Priam ne croyant plus à l'oracle, le reçut avec joie et le fit conduire au palais. Il l'envoya par la suite en Grèce sous prétexte de sacrifice à Apollon, en réalité, pour recueillir la succession de sa tante Hésione (celle-ci exposée à un monstre marin pour faire cesser des inondations et la peste envoyées par les dieux, Hercule la sauve, en même temps qu'il sauve la ville de Troie, mais il se reprend, et la ravit, son père n'ayant pas tenu sa parole).

C'est au cours de ce voyage que Pâris devint amoureux d'Hélène et l'enleva. La déesse Vénus témoigna perpétuellement sa reconnaissance à Pâris, qu'elle rendit possesseur de la belle Hélène, fille de Jupiter et de Léda, dont la fatale beauté fut cause de tant de malheurs, et aux troyens qu'elle ne cessa de protéger.

Pendant le siège de Troie, Pâris combattit contre Ménélas, mari d'Hélène, fut sauvé par Vénus et refusa de rendre Hélène, aux termes de la convention qui avait précédé le combat. Il blessa Diomède, Machaon,... et tua Achille.

Hélène, après la mort de Pâris et la fin de la guerre de Troie, à entendre le grand poète tragique grec Euripide, ami de Socrate, qui connut une notoriété médiocre de son vivant mais dont la gloire fut grande après sa mort, est un fantôme que Junon a substitué à sa place, par ressentiment contre Vénus qui a remporté sur elle le prix de beauté. La véritable Hélène enlevée par Junon, pendant qu'elle cueillait des roses (la rose est la fleur préférée de Vénus) est transportée dans l'île de Pharos.

À la ruine de Troie, la tempête jette Ménélas en Égypte, le fantôme disparaît, en rendant l'innocence d'Hélène, et Ménélas rentre à Sparte avec sa vertueuse épouse.

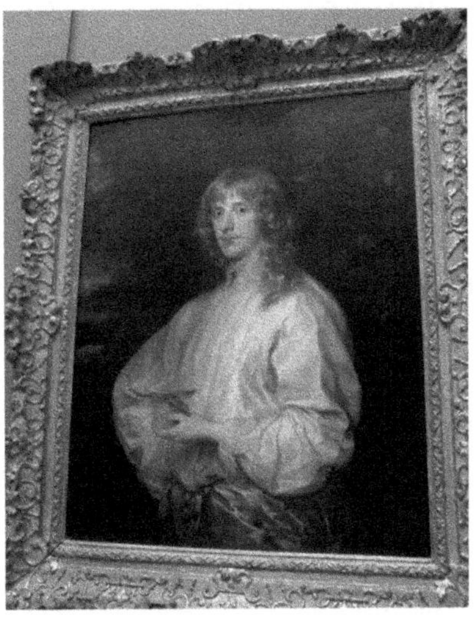

James Stuart (1612 - 1655) duc de Richmond, en berger Pâris

À dater du début de la période anglaise de l'artiste, vers 1633 - 1634. Portrait à usage privé et à incidence mythologique (le fruit - pomme plutôt que citron ou bigarade - fait allusion à l'amoureux Pâris).

Collection de Louis XIV : entré avant 1683 (peut-être acheté en 1665 au duc de Richelieu, le petit-neveu du Cardinal de Richelieu). Il existe un second portrait, en tenue d'apparat, du duc de Richmond, au Louvre, avec un lévrier, de même format.

Peintre anversois d'un talent précoce, Van Dyck ouvrit à seize ans un atelier libre d'artiste, avant qu'il ne fut reçu maître à la gilde d'Anvers (où il fut nommé à dix-huit ans). Un des plus prestigieux élèves de Rubens, dont il devint un brillant exécutant, il obtint rapidement des commandes personnelles dont beaucoup de portraits. Il oeuvra à des compositions mythologiques et religieuses. Il se rendit en Angleterre, qu'il quitta en 1621 pour un voyage en Italie, séjournant surtout à Gènes et à Rome. Il s'intéressa à Corrège, Raphaël, Véronèse, Le Tintoret, Guido Reni, mais surtout à Titien, dont l'influence déjà manifeste dans son œuvre ne fit que s'amplifier.

En 1632, il s'établit définitivement en Angleterre, où il deviendra le portraitiste officiel de la cour et de Charles 1er, tout en continuant des compositions allégoriques. Il sut rendre tant le charme et la distinction nuancée de ses modèles féminins que la sensibilité de ses portraits d'enfants, et se montrer convaincant dans la vogue du portrait mythologique qui gagna la France au XVIIIème siècle, le parangon désigné en étant le héros peint, « James Stuart en berger Pâris ».

Légende du berger Pâris audois (Rennes-le-Château) :

La légende du berger Paris concernant Rennes-le-Château (Aude) et la découverte d'un trésor, est moins ancienne et tant soit peu différente ; elle ne fait pas appel à la mythologie grecque. « La découverte se situe au sud du village castelrennais, près d'un aven appelé *Paris* depuis les années 1970 en mémoire d'une pseudo-légende écrite dans l'après-guerre de 1940-45, au sud de la bergerie des Soubirous, à la jonction du chemin venant de cette ferme et conduisant à l'aven. L'endroit est sauvage et particulièrement isolé. Le gouffre, répertorié sur les cartes, est un entonnoir se remplissant d'eau à chaque saison pluvieuse. Il a été maintes fois visité par les chercheurs tentés de voir dans un parfait alignement Nord-Sud avec Rennes-le-Château, la cache possible d'un trésor. Hélas, aucune découverte n'y a jamais été faite ! (Revue *Parle-moi de RLC*, mars 2004) ». Elle apparaît pour la première fois dans le texte que Noël Corbu enregistre vers 1961 sur une bande magnétique pour diffuser aux clients de son restaurant *La Tour* (citée dans *L'Héritage de l'abbé Saunière* de Claire Corbu et Antoine Captier, éditions Bélisane, 1985. Réédition OdS 2012).

« Le Trésor fut trouvé deux fois : en 1645, un berger nommé Ignace Paris, en gardant ses moutons, tombe dans un trou et ramène dans sa cahute un béret plein de pièces d'or. Il raconte qu'il a vu une salle pleine de pièces d'or et devint fou pour défendre les pièces qu'il a apportées. Le châtelain et ses gardes recherchent vainement l'endroit où est tombé le berger, puis ce fut le tour de l'abbé Saunière et les parchemins (à l'époque moderne) ».

La citation reprend une notice dactylographiée de 5 pages qui rapporte, intégralement, l'histoire de Noël Corbu. On la doit à M. Maurice Tous d'Alet-les-Bains, département de l'Aude, client du restaurant *La Tour*, qui la fit enregistrer aux archives départementales de l'Aude le 14 juin 1962 sous le numéro 4407 et sous la cote 89W106 qui intègrera depuis la nouvelle sous-série 2J et le numéro 248.

La *Pieta* de l'église Saint-Celse et Saint-Nazaire de Rennes-les-Bains (Aude).

Il nous reste, concernant Anton Van Dyck, peintre envisagé précédemment à propos de son portrait du berger Pâris, à donner quelques précisions au sujet d'un autre tableau du Maître anversois, une *Pieta* représentant une descente de Croix avec le corps inerte du Fils, face à la douleur de sa Mère, qui servit de modèle à un peintre local pour une toile de l'humble église de Rennes-les-Bains.

Le Troisième David Téniers, quatrième peintre important de la famille, n'a guère pu cacher à ses débuts, l'influence exercée sur lui par Van Dyck, un des plus prestigieux élèves de Rubens, peintres anversois tous les deux comme lui, Van Dyck, le peintre météore (1599 - 1641), peintre portraitiste racé et coloriste raffiné dont David III Téniers était imprégné tant pour ses moyens techniques que pour ses coloris, comme Murillo débutant (1618 - 1682) put l'être également. Van Dyck n'était pas absent de l'art de David III Téniers quand il peignait ses personnages, surtout dans ses portraits ou ses tableaux de (Sainte) familles. Van Dyck, comme son maître Rubens, inspira beaucoup de peintres, ses contemporains, mais il eut aussi maints admirateurs dans sa postérité. C'est ainsi qu'une *Pieta* d'une modeste église de village et station thermale ancienne de l'Aude, sur la Sals, l'église St.-Celse et St.-Nazaire de Rennes-les-Bains, est restée longtemps anonyme, la *Mater Dolorosa* et la dépouille inerte de son Fils, peinte au début du XIXème siècle, n'ayant aucune paternité déclarée. C'est ainsi qu'au XXème siècle, Gérard de Sède, dans *L'or de Rennes*, faute de nom du peintre, surnomma cette toile *Le Christ au lièvre*, y voyant à l'intérieur du genou droit du Christ allongé, la représentation d'un lièvre en trompe-l'œil. Ce que maints lecteurs, interprétant cette épithète au premier degré, prirent pour argent comptant ces paroles et crurent le tableau codé.

Vers 1980, un accident fortuit survint, la corde qui soutenait le tableau céda et la « Pieta » chut. Le cadre étant endommagé, il fut décidé que seule la toile serait suspendue.

Dans le compte-rendu de la Visite Pastorale que rendit Monseigneur Billard à Rennes-les-Bains en 1883, la *Pieta* n'est pas signalée sur la liste des tableaux de l'église que dresse Henri Boudet. En revanche, elle figure dans *L'inventaire des biens dépendant de la Fabrique* établi le 6 mars 1906. C'est donc, entre 1883 et 1906 que la *Pieta* intègre le mobilier de l'église.

Au dos de la toile on peut lire l'inscription suivante : « Peint en 1825 par J.B.B. Rouch, professeur de dessin à Limoux ». En fait, il s'agit d'une *Pieta* inspirée de celle de Van Dyck, dont l'original est conservé au Musée Royal des Beaux-Arts d'Anvers (peinte vers 1629). Par certains détails il semble que le peintre se serait plutôt inspiré d'une gravure de Paulus Pontius, alias Paul Dupont, graveur flamand (Anvers 1603 - 1658), un des graveurs importants qui appartenait au cercle des artistes travaillant pour Pierre Paul Rubens puis pour Anton Van Dyck. Il reproduisait les principaux maîtres flamands de l'École d'Anvers. Pontius entra en 1616, dans l'atelier d'Osias Beert, spécialisé dans les natures mortes, puis il passa dans celui du graveur Lucas Vosterman, connu pour ses portraits. Il le remplaça comme collaborateur de Rubens dans la production de gravures. Il devint un de ses graveurs de prédilection, ainsi que de Van Dyck. Il intervint dans la série « Iconographie », suite de plus de cent images commencée par Van Dyck, avec l'aide de P.P. Rubens, mais qui ne put être achevée qu'après la mort de Van Dyck en 1641. Pontius y participa pour plus d'une dizaine de planches. Il reproduisit d'autres compositions du peintre anversois, telle la *Pieta*, vers 1629, dont il existe une reproduction réduite au Musée du Prado. Il semble que Pontius se soit basé sur la version aujourd'hui à Madrid et non sur la version grand format d'Anvers. Version dont le professeur de dessin de Limoux ne garda qu'une des femmes du groupe entourant la dépouille du Christ allongé, la femme le plus en recul, sur laquelle il appuie sa tête, sa Mère.

Les « Bergers d'Arcadie » (1638 - 1640)

Venons-en au tableau de Nicolas Poussin, *Les bergers d'Arcadie,* reproduisant paraît-il un paysage de l'Aude, proche de Rennes-le-Château et un tombeau existant. Cette dernière interférence tombe tout de suite. Le tombeau des Pontils, d'abord propriété de la famille Galibert puis de M. Lawrence, fut érigé en 1903 sur la commuune des Pontils. Détruit en 1988 par son propriétaire, il a disparu de la circulation. Aucun document d'époque ou carte ancienne n'indique sa présence au XVIIème siècle au temps de Nicolas Poussin.

Le paysage du tableau ou plutôt le fond montagneux a été peint par Nicolas Poussin, le seul doute qui pût exister est qu'un de ses aides l'ait peint ou terminé à sa place. C'était chose courante dans les ateliers de peintures. Peindre les lointains, comme ajouter des personnages à une œuvre était un travail de finition imparti à un apprenti, ou à un artisan spécialisé en fleurs, en guirlandes, en figures, on peignait un fond de toile. C'est ainsi que JulianTéniers II (1572 - 1615), l'aîné des Téniers de la génération de peintres (le frère aîné de David I Téniers le Vieux, le père), peignait souvent des figures dans les paysages de Josse de Momper. Nous ne le conservons pas parmi les peintres importants du lignage des Téniers, bien qu'il fût réellement peintre de son état et dont c'était le rôle.

Si l'on envisage la personne de Nicolas Poussin, pour lequel nous avons écrit un essai nourri dans la Revue *Parle-moi de Rennes-le-Château* (2006), *Poussin, le peintre-poète, le peintre-philosophe et le self-made-man (N.D.L.R.)*, les trente premières années de la vie du peintre sont peu connues, aucun tableau de cette période ne peut lui être attribué avec certitude. Un séjour à Rouen après avoir quitté sa famille en 1612, puis il se rend à Paris où il exerce ses talents et apprend son métier dans différents ateliers ou chantiers. Il suit même des cours d'anatomie dans un hôpital où il étudie la perspective. Vers 1617 - 18, il effectue une première tentative de se rendre en Italie qui le mènera à Florence, mais il s'en retourne à Paris, où il peint pour des églises et des couvents. Son second départ pour Rome échoue. Il est poursuivi par des créanciers. En 1622, il peint pour les Jésuites, retraçant pour eux à Paris la vie des saints Ignace et François-Xavier, au rythme d'un tableau par jour, et il est remarqué par le Cavalier Marin, son futur bienfaiteur italien.

À l'époque du tableau, Poussin est déjà largement implanté à Rome, où il a pignon sur rue, commandes et appuis président à la composition de la toile, d'abord enregistrée sous le nom des *Pasteurs d'Arcadie*. Le prestige du peintre est grand, Richelieu demande à Sublet, Surintendant des Bâtiments du Roi Louis XIII, de faire rentrer Poussin en France.

D'abord réticent, le peintre finit par céder. Il arrive à Paris le 6 janvier 1641. Il est nommé Premier peintre ordinaire du Roi, il est sensible à l'argent et aux honneurs qui lui sont prodigués. Mais, très vite il déchante. Les fêtes, les réceptions, la défiance, les jalousies (les partisans de Simon Vouet), Poussin ne cache pas sa déception.

Le 5 novembre 1642, il est à Rome. La mort de Richelieu, suivie de celle du roi de France, la régence d'Anne d'Autriche et la disgrâce de Sublet, rompent les liens entre le peintre et les milieux parisiens. Il demeurera à Rome dont la vie convient mieux à sa personnalité. Contrairement à ce qu'ont dit certains, il n'y avait pas eu place dans sa vie pour une éventuelle excursion, encore moins une évasion dans le sud-ouest et l'Aude. Un tel voyage lui aurait pris un temps certain, rien qu'à cheval de relais à relais et, il y aurait eu trace même ténue de son passage lors de son séjour. Le maillage de ses occupations est trop dense dans sa vie ordinaire pour permettre une telle équipée.

Le message du Grand Manuscrit :

Si l'on se réfère à l'analyse complète du « Grand Manuscrit » par Mariano Tomatis Antoniono, traduite par Marie-Christine Lignon, de la Revue *Parle-moi de Rennes-le Château* (2010), de Patrick

Mensior, aboutissant à la célèbre anagramme censée donner le fin mot du trésor de Rennes, « BERGÈRE... », grand manuscrit publié pour la première fois par Gérard de Sède dans *L'Or de Rennes* en 1967, nous tombons sur Poussin et Téniers, tous les deux peintres contemporains du XVIIème siècle.

Oui, la BERGÈRE du tableau, hors paysage, est une Bergère par assimilation aux trois Bergers qui l'entourent. Mais n'oublions pas que les pseudo-bergers ont d'abord été enregistrés sous le nom de *Pasteurs d'Arcadie*.

Ensuite, la femme peinte ici, a néanmoins un port de Reine ou de déesse. C'est manifestement une divinité et un nom vient aussitôt à l'esprit, il s'agit vraisemblablement de Cérès la Dea-Mater (Déméter en latin), déesse de la fertilité et des moissons, qui apprit aux hommes à cultiver la terre, de semer, de récolter, déesse de l'agriculture donc. Victime d'un inceste pas son propre frère Neptune, elle se retira du monde dans une grotte où elle séjourna longtemps, mettant le monde en danger de mourir de faim. Elle est maîtresse de la vie (agriculture) et de la mort, de plus elle est la Cérès noire, déesse chtonienne et déesse-lune, à la fois, modèle des Vierges Noires, et divinité funéraire, comme sa fille, Proserpine, qui a été ravie par Pluton, dieu de la mort, alors qu'elle cueillait des narcisses dans un pré, et déesse des morts, qui a été enlevée à l'affection de sa mère, et qui ne lui sera rendue par son oncle Jupiter qu'après un marché avec Pluton. Elle lui sera rendue six mois de l'année, du printemps - saison du renouveau de la nature - à l'automne, et elle reviendra aux enfers à l'automne, pendant les six mois restant, quand les plantes et la nature sont en deuil ou en état de latence. C'est une déesse chtonienne, et funéraire comme déesse des « infernaux empires ». Les « pasteurs », eux, sont « laurés », ce sont des conducteurs spirituels, des éveillés, des sages, dont l'action relève de la vie de l'esprit (ils font peut-être partie des Mystères d'Éleusis, dont elle est alors une prêtresse). On peut considérer l'inscription latine *Et in Arcadia ego* comme émanant du berger enterré : « Moi qui suis mort, j'ai vécu en Arcadie », ou de la mort elle-même : « Moi, la Mort, j'existe même en Arcadie ».

Pour le sociologue Lévi-Strauss, il n'y a pas de saut de signification d'une version à l'autre. C'est la mort qui parle par le truchement de la divinité, qui droite, statique, s'oppose au mouvement des « pasteurs » ; elle figure la Mort ou la Destinée. Elle énonce les mots gravés dans la pierre qu'elle invite ses compagnons à lire : « Aussi en Arcadie, je suis à vos côtés ». Il convient de ne pas oublier que par « ego » peint sur la tombe, c'est le peintre lui-même qui se désigne, et le spectateur est de la même façon visé lorsqu'il regarde l'inscription.

Les Téniers gardent la clé...

« BERGÈRE PAS DE TENTATION QUE POUSSIN ET TÉNIERS GARDENT LA CLEF PAX DCLXXXI PAR LA CROIX ET CE CHEVAL DE DIEU J'ACHÈVE CE DAEMON DE GARDIEN À MIDI POMMES BLEUES ».

C'est là que nous cessons de jouer, malgré la rouerie élaborée de l'échafaudage, nous n'acceptons plus l'analogie ni l'habileté d'une anagramme ouvrant sur le message choisi... faisant intervenir les peintres Nicolas Poussin ou Téniers. À ce propos, les auteurs du mystère ne s'en doutaient pas, Téniers est un générique, comme on dit au cinéma désignant ceux qui ont participé à un film, il s'agit d'un groupe de peintres, non d'un peintre unique !

C'est un lignage, ils sont sept peintres en filiation directe, à l'importance inégale, en ce qui concerne trois d'entre eux, et quatre surtout sont des peintres confirmés, de très bonne réputation : ils sont connus comme « peintres de genre », ils ont peint des intérieurs de tavernes, des fêtes de villages ou des kermesses, des échoppes et des types sociaux, ruraux surtout mais pas seulement, car ils sont portraitistes, et ont tous peint des sujets religieux et des *Tentations de*

St. Antoine, toutes aussi riches d'inventions en personnages ou créatures faisant appel à un imaginaire débridé.

Si chez Poussin, on peut dire que la déesse (ou à défaut, les « pasteurs ») près du tombeau garde la clef, chez Téniers, c'est plus problématique. Nos auteurs ont donc choisi un Téniers, sans que l'on sache s'ils sont bien au courant que pour ce dernier il en sous-entend plusieurs.

Pour la toile, une *Tentation* s'imposait l'anagramme en comportant une. Pas de celles du Musée du Louvre qui en possède deux, de moyen et petit format, dont l'une est visible plus haut dans cet article, aucune des deux ne correspond à la description donnée. Il serait question ici de *La Tentation de St.-Antoine*, du Musée du Prado (1670), peinte tardivement, sur cuivre (55cm. x 69cm.), signée : « D. Téniers fecit », ayant David Téniers II le Jeune pour auteur, et provenant de la collection de Don Luis de Benavides, marquis de Caracena, Gouverneur et capitaine général des Flandres.

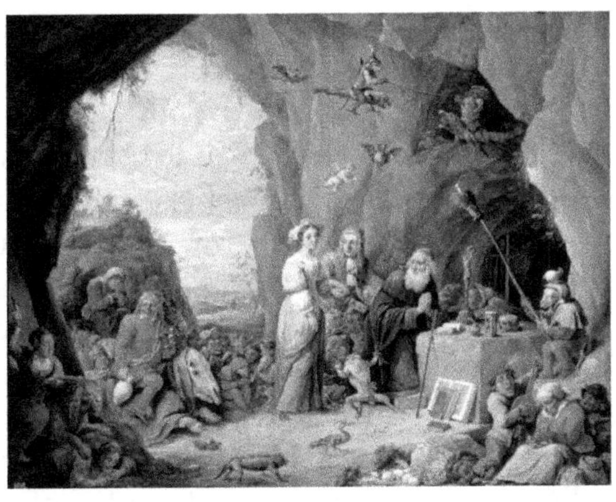

La « Tentation de St. Antoine », Musée du Prado (1670)

David Téniers II, le plus illustre membre de sa famille, celui à qui on prête - à juste titre - l'œuvre la plus considérable, avec ses habituelles *scènes de genre* et ses *Tentations de St. Antoine* en prière, le saint en face à face solitaire avec un crucifix, un livre de prières et un crâne, retiré volontaire dans cette extrémité reculée du monde qu'est une cavité rocheuse de partout et de nulle part, et qui se trouve constamment dérangé par des démons ou des sorcières, lui présentant force verres de vin, au risque de l'ébriété qui entraîne la luxure, voire l'excommmunication et la honte, à lui, l'anachorète convaincu. Il est cette fois en proie à un monde sans « Tentation » d'aucune sorte. Sans plus de courtisane ou sorcière ou diable qui lui tend un calice sur un plateau pour lui tourner la tête et les sangs (l'anagramme est respectée semble-t-il de ce côté ...PAS DE TENTATION...), mais en échange, il est en proie à une situation nouvelle, compliquée des *Sept péchés capitaux*, de la gourmandise (le soiffard en rouge au 1er. plan) à la Furie déchaînée à cheval sur le lion, à l'avarice (la vieille qui pèse son or), à l'orgueil (l'homme au paon), à l'envie (l'homme au nez pointu et sa cassette), à la luxure (la courtisane), à la paresse qui dort sur un âne, rien de bien fameux tout ça, alors qu'à l'entrée de la caverne échancrée s'ouvre le monde extérieur et que s'invite pour une fois le visage paisible d'une belle journée ensoleillée et le point de fuite attirant d'une nature se fondant dans la lumière des lointains (Une autre de ces *Tentations aux péchés capitaux*, plus récente (1640), de Londres, est visible plus haut). Notre ermite semble dérangé cette fois, il est carrément préoccupé (dans une autre toile sans *Tentation*, dite *Plongeon dans l'enfer*, et autre mélange des genres *aux péchés capitaux*, l'ermite se dresse comme effaré, reculant, le dos contre la paroi de la grotte !). Il regarde ici avec étonnement cette perturbation nouvelle, la colère en particulier qui lui fait face, furibarde, avec ses yeux exophtalmiés, brandissant un couteau et chevauchant un lion peu amène, la patte sur le dos d'une femme à plat ventre dévorant une tomate. Autour de lui, le monde coloré et grouillant cavernicole habituel de ses hôtes familiers, monstres hybrides, nabots, gnomes qui s'agrippent à sa robe de bure, animaux aux crânes d'écorchés ou aux gueules de poissons ouvertes attachés à ses basques, êtres rampants ou volants, au comportement inquiétant, surprenants et drôles, continue à vivre comme si de rien n'était. La chute est brutale. Nous étions, sous le pinceau magique d'un peintre, dans l'antre d'un conte des mille et une nuits, où le merveilleux nous confondait, où tout était mystères, et où le dogme du bien et du mal s'illustrait de manière imagée et surnaturelle, entourés d'êtres improbables et déconcertants... Nous n'osions croire à cette improbable métaphore mais nous étions fascinés par l'imagerie : tel ce combat aérien opposant deux homoncules chevauchant l'un, un poisson, l'autre, un oiseau baroque à queue de balai de crins, celui-ci chargeant l'autre avec une latte de bois pour le transpercer.

Dehors, en premier plan et hors scène, une colline coiffée d'une construction tourellée et à l'horizon, on devrait y reconnaître - nous dit-on - le profil montagneux du Bugarach ! La montagne même, sauvage, qui se détache isolée et désolée, en face des hauteurs de Rennes-le-Château à l'horizon, à en croire l'exégèse improbable fournie par l'équipe des trois personnages « inventeurs » de la belle histoire reliant Rennes-le-Château, et son hasardeux message, « Bergère pas de Tentation, que Poussin et Téniers garde(nt) la clef... ». Pourquoi pas ? De même, dans la toile, entre le regard de l'ermite et celui de la Furie (la Colère) s'échangerait l'espace-clé compliqué de signes et de chiffres à signification incontournable

(!) permettant l'allusion à l'endroit désigné sur la colline par l'auteur, comme étant le lieu secret recherché.

Là, si on voulait jouer le jeu de cette autre fiction proposée par l'auteur présumé, bien plus prosaïque, il nous faudrait quitter la réalité et le fabuleux, l'imaginaire et les beautés palpables du tableau, pour retomber dans la réalité physique, géographique et départementale, son code de la route et ses routes tracées où il ne faut pas mordre sur les marges. Retrouver l'habitat du commun des mortels à qui l'imagination ne suffit pas et qui veut vous convaincre et qui sait, se convaincre lui-même, qu'il existe bien en « milieu ordinaire », un lieu unique d'un trésor caché, sans le début d'une preuve fiable, vraie, d'un trésor enfoui connu seulement d'eux. Le tableau étant lié de si près au mystère qui entoure Rennes-le-Château, d'après leurs auteurs, on aurait pu penser qu'ils auraient choisi de préférence, David Téniers l'Ancien, le père, qui avait séjourné à Rome, où il avait rencontré Rubens, fait la connaissance d'Elsheimer, puis fait le voyage jusqu'à Paris, à la foire de St.-Germain-des-Prés, en 1635, pour vendre ses toiles et celles de son fils David II, qui lui était réputé plus sédentaire, il n'avait jamais fait comme voyage que le trajet d'Anvers à Bruxelles. Ou plutôt si, son ami peintre Brouwer en rupture de ban, ayant dissipé les cent ducats payés par l'aubergiste pour un tableau donné en gage de ses débours entre les filles et les boissons, doit quitter en hâte Amsterdam, y rencontre David Téniers, à peine adolescent, qui a fait le chemin inverse d'Anvers à Amsterdam, en compagnie d'un âne, pour y vendre les tableaux de son père. On ne lui connaît pas d'autre écart.

De manière générale, l'articulation de la fiction historique vraie ou existante (hypothèse sérieuse de travail) avec le domaine de la fiction pure (ensemble fermé fonctionnant en boucle comme le milieu du fantastique de la grotte), étranger au domaine envisagé, qui ne lui est en aucun point relié parce qu'appartenant à un autre ensemble en tous points différent et spécifique, n'est pas envisageable sauf au titre du symbolisme ou de l'analogie. Encore faudrait-il que le parallèle soit possible et que la fiction historique soit crédible au départ, simplement à approfondir, comme en archéologie, et le lien resterait au mieux, de l'ordre de l'irréel et de celui de la métaphore.

Non, le trésor, la magie, « l'or du temps » dont parlait le poète, est sous le pinceau des peintres, sous la plume des poètes. La *Tentation* avec ou sans tentation et message soit-disant codé, avec ou sans péchés capitaux, et les autres *Tentations de St. Antoine*, qu'elles soient des Téniers, père ou fils et petit-fils, nous fait rêver tout court, et elle continuera à le faire à satiété. Et Nicolas Poussin aussi avec ses bergers. Ces peintres nous proposent un monde poétique unique à souhait et enchanteur. Au fait, que pensez-vous du berger Pâris de Van Dyck ? C'est le monde magique de l'art. Le portrait du jeune duc de Richmond en berger Pâris ? L'artiste-peintre l'introduit en plein mythe, dans une légende, une belle analogie, non ? Je laisse pour ma part ces messieurs aller creuser - après s'être creusés la tête - ratisser, et passer au peigne fin la colline d'En-Couty, face au hameau des Clamencis, dans l'Aude, c'est une belle région, et pourquoi n'y aurait-on pas enterré un quelconque, voire fabuleux trésor, comme celui des Wisigoths ? Simplement qu'on laisse Poussin et les Téniers (ils sont sept) en paix. Ils contiennent plus de mystères que n'en contient leur philosophie.

Bibliographie

Les Grands Maîtres Flamands d'Édouard Michel, Fernand Nathan éditeur.

Centre de Documentation du Louvre, *Les peintres flamands,* École du Louvre, Palais du Louvre (Porte des Lions). Salles d'exposition, Pays-Bas XVème, XVIème siècles, Flandres XVIIème siècle. (Pavillon Richelieu). Essai de Paul Lambotte sur les Téniers, Documentation du Louvre.

Photographies de tableaux de peintres (Téniers) des Pays-Bas, Flandres (salles d'exposition du Musée du Louvre) et Archives.

Revues *Parle-moi de Rennes-le-Château* ! bulletins de chercheurs publiés par Patrick Mensior n° 2004, 2005, 2006, 2010, 2011.

Merveilles de l'art flamand par Arsène Houssaye, Éd. 1867. Réédition Hachette livre - BnF mars 2014

ATHENA Histoire Générale des Beaux-Arts ; Temps Modernes, De l'Art Moderne à la fin du XIXème siècle, Diogène Maillart. Librairie Garnier Frères, 6 rue des Saint-Pères, Paris.

Les Peintres illustres N°54 / Téniers : 1610 - 1690 ; publiés sous la direction de M. Henry Roujon de l'Académie Française, Secrétaire perpétuel de l'Académie des Beaux-Arts. Reproduction Fac Simile en couleur. Pierre Laffitte Éditeur, Paris ; Gallica Bibliothèque numérique (copyright 1913).

Historia Occultae n°4 Éd. « O.d.S. » de Philippe Marlin.

L'atelier des Strésor Cécile Oumhani (roman), éd. Élizard.

Exposition *La dynastie des Brueghel*, Pinacothèque de Paris 2013 - 14.

Les Téniers : Encyclopédie Larousse en ligne et Notes biographiques et tableau généalogique Wikipédia.

Un tableau grand format de David Téniers Le Jeune intitulé "La récolte des Pommes" de 1650, huile sur toile de 97cm X 116cm, inventorié 2488 du musée d'Arts de Tel-Aviv faisait partie de l'exposition "La dynastie Brueghel" qui s'est terminée le 16 mars 2014 à la Pinacothèque de Paris.

Les Peintres Anciens et Modernes, leur vie, leur oeuvre, par Emmanuel Bénézit, R. Roger & F. Chernoviz éditeurs, Paris 1910.

REMERCIEMENTS :

À Colette Klein pour sa collaboration documentaire (généalogie et biographie) ; à Julien Mensior et Patrick Mensior pour leur amicale et précieuse contribution ; la première et la quatrième de couverture ont été réalisées par Julien Mensior.

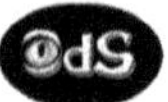

LES ÉDITIONS DE L'OEIL DU SPHINX
SARL au capital de 15.245 €
R.C.S. Paris B 432 025 864 (2000 B11249)
36-42 rue de la Villette
75019 PARIS
Mail ods@oeildusphinx.com
http://www.oeildusphinx.com
Tél 09.75.32.33.55
Fax 01.42.01.05.38

Achevé d'imprimer en Mai 2021
par Createspace
(KDP)

www.ingramcontent.com/pod-product-compliance
Ingram Content Group UK Ltd.
Pitfield, Milton Keynes, MK11 3LW, UK
UKHW021649190726
13853UKWH00001B/148

9 791091 506342